Brennpunkt der Liebe
Die Eucharistie verstehen und leben

Brennpunkt der Liebe

Die Eucharistie verstehen und leben

WeG Verlag

Autor: Leo Tanner, Pfarrer

WeG Verlag

Covergestaltung: D&D Medien

schweizer seelsorgestiftung seelsorgestiftung.ch

Gedruckt mit Unterstützung der Schweizer Seelsorge-Stiftung

Druck: Fuck, Druckerei und Verlag, D-56072 Koblenz

2. Auflage 2013

ISBN 978-3-909085-53-8

Inhaltsverzeichnis

Einführung

Kürzlich war ein Vater mit seinem Sohn in der heiligen Messe. Anschliessend sagte der Sohn: «Vater, das war wieder einmal stinklangweilig». Ist das nicht die Erfahrung vieler Menschen? Die Messe «bringt» ihnen offensichtlich nichts. Das ist ein Grund, weshalb heutzutage immer weniger zum Gottesdienst kommen. Doch es gibt auch andere Menschen, die genau das Gegenteil bezeugen. Sie haben in der Eucharistie eine Kraftquelle entdeckt, die sie stärkt, belebt, nährt und ihnen immer wieder neue Hoffnung schenkt.

Die Feier des Bundes

Damit die Eucharistie zu einer solchen Kraftquelle werden kann, braucht es eine persönliche Beziehung zum Auferstandenen. Wo diese Beziehung fehlt, erfahren Menschen diese Feier vor allem als Ritual, nicht aber als »Ort», wo sie von Jesus Christus genährt und gestärkt werden.

Auf diese Voraussetzung achtete die Urkirche: Zuerst kam der Taufbund und dann die Feier dieses Bundes in der Eucharistie. Das heisst: Bevor jemand damals an der Eucharistiefeier teilnehmen konnte, wurde er im Katechumenat, das ein bis drei Jahre (oder mehr) dauerte, in den christlichen Glauben und die persönliche Beziehung zum Auferstandenen eingeführt. Wenn das Ja gereift war, wurde der Bund mit Jesus Christus und der Gemeinschaft der Christen in der Taufe geschlossen. Dieser Taufbund bewirkte ein neues Mit- und Füreinander mit Jesus Christus und der Gemeinde, das in der Eucharistie gefeiert und vertieft wurde. Deshalb durfte vor der Taufe niemand bei der Eucharistiefeier dabei sein. Strikte hielten sie diese Regel ein.

Im Ritus Gott begegnen

In der Eucharistiefeier geht es um die Liebe, die Gott uns schenken will. Entscheidend ist, dass wir an Gottes Liebe glauben und uns ihr in dieser Feier öffnen. Dann kann sie mehr und mehr in unser Leben kommen, uns nähren und wandeln. Dazu will uns der Ritus der Eucharistiefeier helfen.

Doch der Ritus der Eucharistiefeier – und damit die äussere Form – haben sich durch all die Jahrhunderte bis heute verändert. Auch wenn die jeweilige Form des Ritus theologische und spirituelle Schwerpunkte aufweisen, so bleibt doch der Kern, das Innerste, das Tiefste, um das es geht, immer gleich: Die Wandlung, die Erlösung des Menschen und des ganzen Kosmos durch das Erlösungswerk Jesu Christi.

Am Anfang hatte der christliche Gottesdienst noch keine feste Norm und somit auch keine ausgeschriebenen liturgischen Texte. So können die leicht unterschiedlichen Texte der Einsetzung der Eucharistie in den synoptischen Evangelien aufzeigen, wie unterschiedlich in einzelnen Gemeinden die Eucharistie gefeiert wurde. Erste feste Liturgieformen wurden zwischen dem vierten und siebten Jahrhundert eingeführt, als die Kirche nach der Zeit der Verfolgung zur römischen Staatsreligion wurde. In der Folge entwickelte sich im Osten und im Abendland eine Vielfalt liturgischer Riten. In der römisch katholischen Kirche setzte sich der «Römische Ritus», der mehrheitlich in lateinischer Sprache gefeiert wurde, durch.

Eine wesentliche Prägung der Liturgie geht auf das Konzil von Trient (1545-1563) zurück. Die Reformation unter Martin Luther (1483-1546) kritisierte damalige Missbräuche, bestritt die Lehre vom Messopfer der Eucharistie und trat für die Volkssprache ein.

Als Reaktion darauf wurde im Anschluss an das Konzil die Liturgie vereinheitlicht. Dadurch wurden einige Missstände beseitigt. Doch weil die Kommunion oft erst nach der Messe ausgeteilt und die Predigt oft vor der Messe gehalten wurde, löste sich die organische Feier der Eucharistie in Einzelteile auf.

Eine Wende bahnte sich erst mit Papst Pius X. an, der 1905 die «tätige Teilnahme an den Mysterien und dem öffentlichen und feierlichen Gebet der Kirche» forderte. So wuchs mehr und mehr der Wunsch nach einer erneuerten Liturgie.

– Die ordentliche Form nach dem Konzil

Die Erneuerung der Liturgie war das erste grosse Anliegen des Zweiten Vatikanischen Konzils, das als erstes Dekret am 4. Dezember 1963 veröffentlicht wurde: «Bei dieser Erneuerung sollen Texte und Riten so geordnet werden, daß sie das Heilige, dem sie als Zeichen dienen, deutlicher zum Ausdruck bringen, und so, daß das christliche Volk sie möglichst leicht erfassen und in voller, tätiger und gemeinschaftlicher Teilnahme mitfeiern kann» (Konstitution über die heilige Liturgie 21).

In der Rückbesinnung auf die Bibel, die Praxis der vorkonstantinischen Zeit und die Riten der verschiedenen Kirchen wurde vieles neu gesehen. Der Ritus wurde vereinfacht. Damit er besser verstanden werden kann, kann er nun – neben dem bisherigen Latein – auch in der Volkssprache gefeiert werden. Das Miteinander der Gläubigen und dem Priester wurde durch den Volksaltar sichtbarer.

Damit die Gläubigen reicher vom Tisch des Wortes Gottes genährt werden, wurde die Leseordnung dahingehend ergänzt, dass innerhalb von drei Jahren die wichtigsten Teile der ganzen Heiligen Schrift dem Volk vorgetragen werden. Die gefeierte Gegenwart Jesu Christi wurde von der tridentinischen «Opfermesse» ergänzt durch Sein Dasein in der versammelten Gemeinde, in Seinem Wort und im Opfermahl Seiner Liebe. So kam es mit dem erneuerten Ritus auch zu theologischen Ergänzungen. Neue liturgische Dienste entstanden.

– Die ausserordentliche Form (Tridentinische Form)

Neben dieser ordentlichen Form kann heute die Eucharistie in zwei Riten gefeiert werden. Mit dem Dekret «Summorum Pontificum» von Papst Benedikt XVI., das am 14. September 2007 in Kraft trat, wurde als ausserordentliche Form die vorkonziliäre Form des Ritus offiziell wieder möglich, die im Anschluss an das Konzil von Trient (1545-1563) entstanden ist. Am Offenbarsten zeigt sich das Besondere dieses Ritus in der gemeinsamen Hinwendung von Volk und Priester zum Altar, der auf die Heiligkeit Gottes hinweist und in der lateinischen Sprache, in der dieser Ritus immer gefeiert wird.[1]

Den Schatz der Kirche entdecken

Mit diesen Neuerungen ermöglichte das Zweite Vatikanische Konzil in der Liturgiereform eine aktivere Teilnahme an dieser Fei-

---

[1] Damit sind zwei mögliche, jedoch nicht gleichberechtigte Ausformungen des Römischen Ritus anerkannt: Die «ordentliche Form» mit der im Auftrag des Zweiten Vatikanischen Konzils erneuerten Liturgie, welche die Normalform des römisch-katholischen Gottesdienstes ist und die «ausserordentliche Form», wie sie vor dem Zweiten Vatikanischen Konzil gefeiert wurde. Doch bei allen Riten – und dazu gehören auch viele orientalische Riten – geht es um den gleichen Wesenskern.

er. Dadurch versuchte es, die Quelle der Liebe Jesu in neuer und vertiefter Form den Gläubigen zugänglich zu machen.

Doch – obwohl heute die Gläubigen sprachlich alles verstehen können, – verstehen immer weniger Messbesucher inhaltlich, worum es dabei geht. Viele Menschen erfahren heute die Eucharistiefeier als fremdes Ritual. Sie wissen nicht mehr, was die einzelnen Riten bedeuten, weshalb wir aufstehen oder uns niederknien usw.

Doch dieses Wissen allein genügt nicht. Die Menschen brauchen einen Zugang zum Geheimnis (griechisch: Mysterium). «Geheimnis» meint hier nicht etwas, was man nicht genau versteht, sondern eine Wirklichkeit, die nur über eigene Erfahrung zugänglich wird. Jeder muss persönlich einen inneren Zugang zur Feier der Eucharistie finden. Denn letztlich nährt uns nicht das Wissen, sondern die Begegnung mit Gott.

Zu dieser Schrift

Damit die Begegnung mit dem Dreifaltigen Gott bewusster erfahren werden kann, braucht es von uns die entsprechende Glaubens- und Herzenshaltung. Zur Aktivierung dieser Haltungen will diese Schrift mit dem dazugehörenden Glaubenskurs helfen. Sie bietet eine Hinführung ins Verständnis und Erleben der Eucharistie an. Dabei wird vor allem darauf Wert gelegt, den inneren Weg des Ritus kennen zu lernen.

Die Schrift *«Brennpunkt der Liebe. Die Eucharistie verstehen und leben»* können Sie als persönliche Bereicherung lesen, wie auch als Impulstext für Ihren persönlichen «Glaubenskurs». Dann brauchen Sie einige Wochen Zeit. Zur Verinnerlichung dieses Weges lade ich Sie nach jedem Kapitel zu den Betrachtungen im Teilnehmerheft[2] ein.

Wenn Sie sich über den Inhalt des Glaubenskurses informieren möchten, finden Sie hier, angereichert mit Reflexionen, den vollständigen Inhalt vor. Sie haben die Möglichkeit, den Glaubenskurs frei zu ändern und Ihren Bedürfnissen anzupassen. Für die Durchführung dieses Eucharistiekurses in einer grösseren Gruppe oder in einer Pfarrei wurden die Referentenunterlagen mit CD und DVDs ausgearbeitet. Damit können Sie den Glaubenskurs auch in einem Wohnzimmer durchführen.

---

2 «Die Eucharistie verstehen und leben. Teilnehmerheft mit Liturgieerklärungen.» WeG Verlag.

Noch einige formale Hinweise: In dieser Schrift sind – ausser in Zitaten – die Pronomina für Gott jeweils gross, Zitate aus der Heiligen Schrift jeweils *«kursiv»* mit Anführungs- und Schlusszeichen und Zitate aus dem Ritus *kursiv* geschrieben.

Herzlich danke ich allen, die mir persönlich einen tieferen Zugang zur Eucharistiefeier ermöglicht haben sowie allen, die mich bei der Ausarbeitung dieser Schrift unterstützt haben. Insbesondere gilt mein Dank P. Peter Spichtig, dem Leiter des Liturgischen Institutes der Schweiz, Urban Camenzind und Philippe Frey für die theologischen Hilfen und sprachlichen Hinweise.

Jesus sagt: *«Es gibt keine größere Liebe, als wenn einer sein Leben für seine Freunde hingibt» (Joh 15,13–14).* Diese Seine Liebe will Er uns in jeder Eucharistiefeier schenken. Möge diese Schrift dazu beitragen, dass Sie die Eucharistie tiefer verstehen und in neuer Weise Seine Liebe in dieser Feier erleben können.

Leo Tanner

Hinweis

Auf der Homepage www.leotanner.ch können die Vorträge zu diesem Kurs auch gehört und heruntergeladen werden. Ebenso können Sie dort eine Kurzfassung der Vorträge als Video anschauen.

1. Ein Geheimnis neu entdecken – *Eucharistie als Danksagung*

«Brennpunkt der Liebe. Die Eucharistie verstehen und leben», – damit ist das Ziel des Weges beschrieben, nämlich die Eucharistiefeier besser zu verstehen, damit wir vermehrt aus der erlösenden Kraft dieser Feier leben können.

Das Abschiedsgeschenk Jesu

Die Eucharistiefeier geht auf die letzten Stunden Jesu zurück. Damals sprach Jesus lange mit den versammelten zwölf Aposteln. Dann gab Er ihnen ein Abschiedsgeschenk, durch das Er Seinen Freunden hier auf der Erde immer nahe bleiben wollte: Das Abendmahl – die Eucharistie.

Bei einem Geschenk sind meist zwei Sachen dabei: das Geschenk selbst und die Verpackung des Geschenkes. So ist es auch hier. Es gibt die Verpackung der Eucharistie, die Gestaltung der Feier. Wenn eine Eucharistiefeier sehr schön gestaltet ist, dann ist dies ein grosses Geschenk. Es hilft uns zum tieferen emotionalen Erleben der Feier.

Doch manchmal kann es auch geschehen, dass die Verpackung – die Gestaltung – wichtiger wird als der Inhalt der Feier. Vielleicht auch deswegen, weil man den kostbaren Inhalt, das Geheimnis, noch gar nicht entdeckt hat.

Doch wenn jemand das Geheimnis der Eucharistie entdeckt hat, dann hat er etwas gefunden, das ihm unendlich kostbar ist. Die Eucharistie selbst wird ihm dann wichtig. Dann beginnt die Eucharistie eine Kraftquelle zu werden. Genau das ist sie nach dem katholischen Glaubensverständnis: Sie ist «Quelle und Höhepunkt des ganzen christlichen Lebens» (vgl. Dogmatische Konstitution über die Kirche 11). Eine Quelle erfrischt, nährt und belebt. Der Höhepunkt ist das, worauf alles andere hingeordnet ist und was am Wichtigsten, Wertvollsten ist. Wenn man bei einer Wanderung den Höhepunkt, den Gipfel, erreicht hat, wird der Horizont weit. Man erhält einen Überblick über alles Umliegende.

So will die Eucharistie zum «Ort» werden, von dem einerseits Nahrung, Inspiration, Belebung ausgehen sowie zum «Ort», von dem aus wir unser ganzes Menschsein in einem neuen Licht sehen können. Dann wird die Eucharistie zum Brennpunkt der Liebe Gottes, die alles umfasst und durchstrahlt.

Sakrament der Liebe

Wenn ein Mann seiner Liebsten eine Rose schenkt, wird die Rose zum Zeichen seiner Liebe zu ihr. Zeichen heisst Sakrament. Die Eucharistiefeier ist ein Sakrament, in dem uns Gott Seine Liebe schenkt. Diese Liebe Gottes hat einen Namen erhalten: Jesus Christus. Wenn wir für das Leben Jesu einen Code finden müssten, ein Kennwort, das Sein Leben zusammenfasst, dann wäre dies das Wort, das im Zentrum jeder Eucharistiefeier steht: «Das ist mein Leib, der für euch hingegeben wird.» Denn Jesus hat nicht für sich selbst gelebt, sondern für den Vater und für uns. Diese Seine Liebe möchte Er uns in jeder Eucharistiefeier neu schenken.

Dabei ist zu bedenken: Wenn wir eine Rose in alle Einzelheiten zerlegen und sie wissenschaftlich und biochemisch untersuchen würden, dann würde sie ihre wahre Schönheit, ihr Geheimnis, verlieren. So ist es auch bei der Eucharistiefeier. Sie kann und darf nicht zerlegt werden, indem wir uns z. B. nur auf den Kommunionempfang konzentrieren. Wenn Einzelteile herausgenommen werden, ist es, als würden wir bei einer Rose einzelne Blütenblätter wegnehmen. Ihre Schönheit würde zerstört. So ist die Eucharistiefeier als Ganzes ein Geheimnis, das Mysterium der grossen Liebe Gottes. Einem Geheimnis können wir uns nur staunend und anbetend öffnen. In ein Geheimnis können wir uns liebevoll einführen lassen.

Von der Paschafeier zum Abendmahl Jesu

Für die Eucharistiefeier gibt es verschiedene Namen: Eucharistie, Abendmahl, Heilige Messe, Brotbrechen, Herrenmahl, ... Die Theologie nennt diese Feier auch «Pascha-Mysterium».

Pascha kommt von der jüdischen Paschafeier. Pascha meint den Übergang in ein besseres Leben. Mysterium heisst Geheimnis. Pascha-Mysterium kann als der geheimnisvolle Weg in ein besseres Leben, in eine bessere Zukunft verstanden werden.

Die jüdische Paschafeier ist das wichtigste Vorausbild für die Eucharistiefeier. Sie geht zurück auf die Geschichte des Exodus, des Auszugs aus Ägypten ins Gelobte Land. Durch Josef kam die ganze Familie Jakobs nach Ägypten. Anfänglich hatten diese Fremden eine gute Position. Doch nach und nach wurden sie unterdrückt, versklavt und ausgebeutet. Hebräer wurden sie genannt. Sie hatten keine Rechte, keine Würde und keine Freiheit. Sie seufzten und stöhnten unter der Last der Unterdrückung und Versklavung.

Als dann der Pharao den Befehl gab, alle neugeborenen Knaben der Hebräer zu töten, schrien die Israeliten zu ihrem Gott. Gott hörte ihr Flehen und beauftragte Mose, die Hebräer aus der Knechtschaft Ägyptens in die Freiheit des Gelobten Landes zu führen.

Doch der Pharao wollte sie nicht gehen lassen und so kam es zu zehn sogenannten «Plagen». In der zehnten Plage kündigte Gott an, [illegible]ss alle Erstgeburten bei Tier und Mensch im Land getötet werden. [illegible]eliten aber sollten ein Lamm schlachten, die Türpfosten mit [illegible] bestreichen und in dieser Nacht in Hausgemeinschaften [illegible]sen. Überall dort, wo das Blut des Lammes an die Türp[illegible]trichen war, wurden die Erstgeborenen vom Tod verscho[illegible]estärkt durch das Lamm machten sich die Israeliten dann auf den Weg ins verheissene Land. Nach dem Durchzug durch das Schilfmeer führte sie dieser Weg in die Wüste.

40 Jahre dauerte die Wüstenwanderung, bis die Israeliten endlich ins versprochene Land kamen, wo «Milch und Honig fliessen». Ein neues Leben begann: ein Leben in Freiheit, Würde und Dankbarkeit.

Das Herausgeführtwerden aus der Sklaverei in Ägypten war und ist bis heute für die Israeliten das zentrale Ereignis ihrer Geschichte mit Gott. Sie erfuhren: Gott ist der starke Befreier. Er ist stärker als alle Mächte der Welt! Daran wird bis heute in vielen Psalmen und Gebeten erinnert und in diesem Sinn Jahr für Jahr das Pascha gefeiert.

Die jüdische Paschafeier

Mehr als 1000 Jahre später, zur Zeit Jesu, wurde die jüdische Paschafeier in zwei Abschnitten vollzogen. Erstens in der Opferung des Lammes, die am Nachmittag im Tempel von Jerusalem stattfand und zweitens im Essen des Lammes beim Paschamahl, das in den Familien in der folgenden Nacht gehalten wurde. Im Verlauf der Liturgie des Paschamahles erklärte der Familienvater die Bedeutung der Riten und gab seinen Kindern eine Zusammenfassung der wunderbaren Geschichte Gottes mit Seinem Volk.

Zur Zeit Jesu war das Paschafest zum Gedenktag und der Jahres-

feier der vier wichtigsten Nächte der Weltgeschichte geworden: der Schöpfungsnacht, als das Licht in der Finsternis aufstrahlte; der Nacht der (nicht vollzogenen) Opferung Isaaks durch Abraham; der Nacht des Auszugs aus Ägypten und der noch in der Zukunft liegenden Nacht der Ankunft des Messias.

Das jüdische Pascha war also einerseits Gedenktag der drei bereits geschehenen Ereignisse und ebenso ein Tag der Erwartung. Dasselbe gilt für die Eucharistiefeier. Auch da feiern wir bereits Geschehenes, aber auch Ereignisse, die wir in Zukunft noch erwarten.

Jesus – das wahre Paschalamm

Bei der jährlichen Paschafeier haben die Juden – und sie tun es heute noch – ein fehlerloses, einjähriges Lamm geschlachtet. Beim ersten Pascha bewahrte das Blut, die Erstgeborenen vor dem irdischen Tod.

Genau zu dieser Zeit, während zur Zeit Jesu die Paschalämmer auf dem Altar des Tempels geschlachtet wurden, stirbt, nach dem Johannesevangelium, Jesus am Kreuz. Da erfüllt sich, was Johannes der Täufer von Jesus sagte: *«Seht, das Lamm Gottes, das die Sünde der Welt hinwegnimmt» (Joh 1,29b).* Jesus wird das neue Paschalamm, was auch Paulus bezeugt: *«Als unser Paschalamm ist Christus geopfert worden!» (1 Kor 5,7).* Nicht mehr ein Tier wird geschlachtet, sondern der Sohn Gottes selbst wird zum Opferlamm, dessen Blut vor dem ewigen Tod bewahrt. Damit wurde das Lamm zum Symbol des «Hingegeben-für-uns», zum Brennpunkt der Liebe Gottes.

Das Bild vom Lamm ist zentral auch für die Offenbarung des Johannes: 28mal wird das Lamm erwähnt. Dieses Lamm (Jesus Christus) wird angebetet und verherrlicht. Es durchstrahlt und erlöst die ganze Schöpfung: *«Ihm, der auf dem Thron sitzt, und dem Lamm gebühren Lob und Ehre und Herrlichkeit und Kraft in alle Ewigkeit» (Offb 5,13). «Selig, wer zum Hochzeitsmahl des Lammes eingeladen ist» (Offb 19,9).* Dieser Satz wurde auch in die Liturgie aufgenommen.

Die Liebe der ganzen Dreifaltigkeit

Im Zentrum steht das Opfer Jesu am Kreuz. Doch wozu dieses Opfer? Dafür gibt es nur einen Grund: die Liebe aller drei Personen der Heiligen Dreifaltigkeit.

Paulus sagt: *«Er* (Gott der Vater) *hat seinen eigenen Sohn nicht verschont, sondern ihn für uns alle hingegeben – wie sollte er uns mit ihm nicht alles schenken?» (Röm 8,32).* Der Vater, der Seinen Sohn über alles liebt, ist also derjenige, der Seinen eigenen Sohn hingibt und uns schenkt. Das ist das Opfer Seiner Liebe.

Der Sohn Seinerseits ist bereit, Sein Leben hinzugeben. Wenn der Vater am Opfer des Sohnes Gefallen findet, dann deshalb, weil dieses Opfer es dem Vater ermöglicht, das zu verwirklichen, was in höchstem Masse Sein Wille ist, nämlich: *«dass alle Menschen gerettet werden» (vgl. 1 Tim 2,4).* Der Vater liebt Jesus, weil dieser bereit ist, sogar auf diese Weise – nämlich am Kreuz – Sein Leben für Seine Brüder und Schwestern hinzugeben. So wird diese Hingabe zum Weg, allen Menschen Seine Barmherzigkeit zu erweisen.

Beim Opfer Jesu Christi wirkt auch der Heilige Geist. In der Liturgie betet der Priester vor der Kommunion: *Herr Jesus Christus, Sohn des lebendigen Gottes, dem Willen des Vaters gehorsam, hast du im Heiligen Geist durch deinen Tod der Welt das Leben geschenkt* ... Dasselbe erwähnt der Hebräerbrief, nämlich dass Christus *«sich selbst kraft ewigen Geistes Gott als makelloses Opfer dargebracht hat» (Hebr 9,14).* Die Kraft des Heiligen Geistes, der die Liebe ist, ist es, die Jesus Christus antreibt, sich hinzugeben. Die Liebe des Heiligen Geistes lässt Ihn das Kreuz bejahen und umarmen.

Das Geheimnis – Vergegenwärtigung

Die früheste Überlieferung der Eucharistie in der Bibel stammt von Paulus. Er schreibt im Ersten Korintherbrief: *«Denn ich habe vom Herrn empfangen, was ich euch dann überliefert habe: Jesus, der Herr, nahm in der Nacht, in der er ausgeliefert wurde, Brot, sprach das Dankgebet, brach das Brot und sagte: Das ist mein Leib für euch. Tut dies zu meinem Gedächtnis! Ebenso nahm er nach dem Mahl den Kelch und sprach: Dieser Kelch ist der Neue Bund in meinem Blut. Tut dies, sooft ihr daraus trinkt, zu meinem Gedächtnis!» (1 Kor 11,23–25).* Warum erwähnt Paulus zweimal das Wort «Gedächtnis»?

Was bedeutet das Wort «Gedächtnis»?[3] In der Paschaliturgie heisst es noch heute: *«Ein jedrmann aus jedem Geschlecht muss sich betrachten, als wäre er persönlich aus Ägypten ausgezogen.»* Die Paschafeier ist somit nicht nur Erinnerung an etwas Vergangenes. Vielmehr wird in dieser Feier das vergangene Heilsereignis Gegenwart und neu wirksam. Dasselbe gilt für die Eucharistiefeier: Jesus wird gegenwärtig und wirkt heute heilend, erlösend und befreiend an uns.

Das Zweite Vatikanische Konzil beschreibt die Vergegenwärtigung mit folgenden Worten: «Unser Erlöser hat beim letzten Abendmahl in der Nacht, da er überliefert wurde, das eucharistische Opfer seines Leibes und Blutes eingesetzt, um dadurch das Opfer des Kreuzes durch die Zeiten hindurch bis zu seiner Wiederkunft fortdauern zu lassen ...» (Konstitution über die heilige Liturgie 47).

Die Realpräsenz

Der protestantische Pfarrer Scott Hahn beschreibt, wie er seine erste Messe erlebte: «Da stand ich also, inkognito, ein protestantischer Pfarrer in ziviler Kleidung, und schlich mich hinten in eine katholische Kapelle in Milwaukee, um meine erste Messe zu erleben. Neugierde hatte mich dorthin getrieben, und ich war mir nicht sicher, ob es auch eine gesunde Neugierde war. Ich hatte die Schriften der ersten Christen studiert und unzählige Hinweise auf ‚die Liturgie', ‚die Eucharistie', ‚das Opfer' gefunden. Für diese Urchristen war die Bibel – das Buch, das ich über alles liebte – nicht zu verstehen ohne das Ereignis, das heutige Katholiken ‚die Messe' nennen. Ich wollte diese Christen verstehen. Aber ich hatte keine Ahnung von der Liturgie.

So hatte ich mich zu einer Art akademischer Übung entschlossen: Geh und schau sie dir an. Doch hatte ich mir geschworen, mich weder hinzuknien noch mich an irgendeinem Götzendienst zu beteiligen.

---

[3] Vgl. dazu auch den Katechismus der Katholischen Kirche: «Im Sinn der Heiligen Schrift ist das Gedächtnis nicht nur ein Sich-Erinnern an Ereignisse der Vergangenheit, sondern die Verkündigung der grossen Taten, die Gott für die Menschen getan hat (vgl. Ex 13,3). In der liturgischen Feier dieser Ereignisse werden sie gegenwärtig und wieder lebendig. Auf diese Weise versteht das Volk Israel seine Befreiung aus Ägypten: Jedes Mal, wenn das Pascha gefeiert wird, werden die Ereignisse des Auszugs dem Gedächtnis der Gläubigen wieder gegenwärtig gemacht, damit diese ihr Leben diesen Ereignissen entsprechend gestalten.» (KKK 1363).

Ich setzte mich in die letzte Bank dieser Kapelle, ganz im Verborgenen. Vor mir sassen eine Reihe von Gottesdienstbesuchern, Männer und Frauen jeden Alters. Ihre Kniebeugen beeindruckten mich, wie auch ihre scheinbare Konzentration auf das Gebet. Dann läutete eine Glocke. Alle standen auf, als der Priester aus einer Tür neben dem Altar kam. Ich war mir unsicher und blieb sitzen. ... Ich wollte lieber Beobachter bleiben. Ich blieb sitzen – mit meiner Bibel aufgeschlagen neben mir.

Im Verlauf der Messe aber berührte mich etwas zutiefst. Meine Bibel lag nicht nur neben mir – sie stand vor mir – in den Worten der Messe! Ein Wort war von Jesaja, ein anderes aus den Psalmen, wieder ein anderes von Paulus. Es war überwältigend für mich. Ich hätte am liebsten alles gestoppt und laut aufgeschrien: ‚Soll ich euch erklären, was hier von der Schrift her passiert? Das ist ja grossartig!' Doch ich blieb in meiner Beobachterrolle. Ich blieb im Zuschauerraum, bis ich den Priester die Wandlungsworte sagen hörte: ‚*Das ist mein Leib ... Das ist der Kelch des neuen und ewigen Bundes, mein Blut ...*'

Dann fühlte ich all meine Zweifel an mir abperlen. Als ich den Priester die weisse Hostie hochhalten sah, spürte ich, wie aus tiefstem Herzen ein Gebet in mir aufstieg, und ich flüsterte: ‚Mein Herr und mein Gott. Du bist es wirklich!'»[4]

Eucharistie als Danksagung

Beim letzten Abendmahl lesen wir von Jesus: *«... er nahm Brot, sprach das Dankgebet, ...» (Lk 22,19).* Im griechischen Urtext steht für «sprach das Dankgebet»: «eucharisteas». Daher kommt die Bezeichnung «Eucharistie». Eucharistie heisst Danke sagen, Danksagung.

Das Wort Eucharistie wurde schon bald zur Hauptbezeichnung dieser Feier. Die Bezeichnung «Abendmahl» und «Herrenmahl» wurde bereits im zweiten Jahrhundert nicht (oder kaum) mehr gebraucht. Auch Ignatius von Antiochien (gestorben um 110) nannte diese Feier «Eucharistie».

Die frühe Kirche hat den wesentlichen Kern des Letzten Abendmahles in der «Eucharistia» gesehen, – dem grossen Gebet der Lobpreisung, in dessen Mitte die Einsetzungsworte Jesu stehen. Heute bezeichnen wir das als «Hochgebet». «Eucharistia» ist die lateinische Übersetzung des hebräischen Wortes «berakha»: Lobpreisung, Danksagung und Segnung.

Während des Hochgebetes ruft der Priester (Diakon): *Geheimnis des Glaubens*, worauf die Gemeinde antwortet: *Deinen Tod, o Herr, verkünden wir, und deine Auferstehung preisen wir, bis du kommst in Herrlichkeit.* Dieser Satz umfasst drei Aspekte:

Erstens: Der Beginn der Erlösung: *Deinen Tod, ...*

Wir danken zuerst für das, was bereits geschehen ist, für den Beginn der universellen Erlösung in und durch Jesus Christus. Die Urkirche hat zum Zeichen, dass sie den umfassenden Neubeginn feiert, dafür als bevorzugten Termin für die Feier der Eucharistie den ersten Tag der Woche, den Sonntag, gewählt.

Sie feierte die Eucharistie nicht am Donnerstagabend, an dem Jesus das Letzte Abendmahl hielt. Sie feierte auch nicht am Freitag, am Tag, an dem Jesus am Kreuz gestorben ist. Die Christinnen und Christen der ersten Generation haben vielmehr den Tag der Auferstehung Jesu, den Tag des Neubeginns, den ersten Tag der Woche zum bevorzugten Tag der Eucharistiefeier gemacht. Weil dies – nach dem arbeitsfreien Sabbat – ein Arbeitstag war, feierten sie meist in der Frühe.

---

[4] Scott Hahn, Das Mahl des Lammes. S. 15.

Zweitens: Sein befreiendes Wirken in der Gegenwart: *Deine Auferstehung …*

Wir danken für das befreiende Wirken Jesu Christi in der Gegenwart. Israel verdankt dem Paschaereignis seine Identität als Volk Gottes. Auch wir werden mehr und mehr befreit zu uns selber und wachsen in der Identität als Volk Gottes. Denn Jesus Christus ist auferstanden. Er lebt und wirkt heute, in besonderer Weise gerade auch in der Eucharistie: Er erlöst uns von Ängsten, Mutlosigkeit und Traurigkeit. Er befreit uns von Schuld, Eigensinn und Lieblosigkeit. Er wandelt unser Leben.

Drittens: Die Vollendung in der Zukunft: *Bis du kommst in Herrlichkeit*

Noch sind wir unterwegs. Was wir in dieser irdischen Welt an Erlösung erleben, ist ein kleiner Anteil. Doch Gott wird die Erlösung vollenden. So richten wir unsere Augen nicht nur auf die Vergangenheit und Gegenwart, sondern auch auf die Zukunft. Denn die Erlösung Jesu Christi umfasst den ganzen Kosmos, wie Paulus bezeugt: *«Alles im Himmel und auf Erden wollte er zu Christus führen, der Frieden gestiftet hat am Kreuz durch sein Blut» (Kol 1,20bc).* Die erlösende Kraft Seines Lebens, Seines Kreuzes, Seiner Auferstehung will und kann alles verbinden, damit überall die Liebe Gottes fliessen kann und Gottes Herrlichkeit aufleuchtet. So ist die Eucharistie auch die Vorfeier einer grandiosen Zukunft, in der unser Glück, unsere Freude und unser Jubel keine Grenzen mehr kennen.

In dieser Vollendung leben bereits jetzt die Heiligen. In der Eucharistiefeier sind auch wir jetzt schon hineingenommen in die himmlische Liturgie, worauf auch das Zweite Vatikanische Konzil hinweist: «In der irdischen Liturgie nehmen wir vorauskostend an jener himmlischen Liturgie teil, die in der Heiligen Stadt Jerusalem gefeiert wird, zu der wir pilgernd unterwegs sind, wo Christus sitzt zur Rechten Gottes,… In der irdischen Liturgie singen wir dem Herrn mit der ganzen Schar des himmlischen Heeres den Lobgesang der Herrlichkeit. In ihr verehren wir das Gedächtnis der Heiligen und erhoffen Anteil und Gemeinschaft mit ihnen. In ihr erwarten wir den Erlöser, unseren Herrn Jesus Christus, bis er erscheint als unser Leben und wir mit ihm erscheinen in Herrlichkeit» (Konstitution über die heilige Liturgie 8).

Der ehemalige Bischof Ivo Fürer von St. Gallen hat diese drei Aspekte (Beginn der Erlösung, befreiendes Wirken in der Gegenwart und Vollendung in der Zukunft) mit folgendem Bild dargestellt: Wenn wir heute Eucharistie feiern, sind wir an einem riesigen «Auszugstisch», der auf der einen Seite in den Abendmahlssaal zurückreicht und auf der anderen Seite uns jetzt verbindet mit dem ewigen Gastmahl der Liebe Gottes im Himmel.

Die Eucharistie ist die Feier des Volkes Gottes

Die Eucharistiefeier als Danksagung, Opfer und Mahl ist die grosse Feier des Volkes Gottes. Sie ist nie nur die Feier einer einzelnen Gemeinde und noch weniger einer bestimmten Gruppe, denn sie verbindet uns mit allen Gläubigen des Volkes Gottes auf der weiten Welt. In besonderer Weise feiern wir die Eucharistie in Gemeinschaft mit dem Papst, dem sichtbaren Zentrum der Einheit der Kirche und mit dem jeweiligen Bischof, in dessen Diözese die Feier stattfindet.

Diese Gemeinschaft geht noch weiter, denn die Eucharistiefeier. verbindet uns mit den verstorbenen Gläubigen. Monika, die Mutter des heiligen Augustinus sagte kurz vor ihrem Tod: «Begrabt diesen Leib, wo immer er sei: um ihn sollt ihr euch keine Sorgen machen. Nur um das eine bitte ich euch: Wo ihr auch sein werdet, gedenkt meiner am Altare des Herrn» (Bekenntnisse des heiligen Augustinus). Für sie war klar: Wir sind den Verstorbenen am Altar viel «näher» als an deren Grab.

Die Gemeinschaft der Eucharistiefeier reicht hinein in die grosse Gemeinschaft der Engel und Heiligen in der himmlischen Liturgie. So sind wir in der Eucharistie mit der Kirche aller Zeiten und Zonen verbunden.

Die Eucharistie als Feier des Volkes Gottes – dazu noch eine Erfahrung: Ab 1927 lebte in Marokko der französische Priester Albert Peyriguère mitten unter den allerärmsten Berbern. Er teilte das elende Leben dieser Menschen und setzte sich mit grösstem Engagement für die Kranken, Leidenden und ungerecht Behandelten ein. Er hat viele Briefe geschrieben. In einem davon schreibt er sinngemäss: «Ich feiere jeden Morgen die heilige Messe in meiner kleinen Kirche. Diese ist jeden Tag zum Bersten voll. Es sind zwar nur zwei alte Frauen da, aber die bringen alle anderen mit!» Dazu kommt, dass in jeder heiligen Messe der ganze Himmel zugegen ist!

Bildbetrachtung

Die Eucharistie ist das grosse Geheimnis des Glaubens, Quelle und Höhepunkt des christlichen Lebens. Von Anfang der Christenheit an war die Eucharistie Zentrum und Kraftquelle des Glaubens. Das zeigt ein Bild um 200 n. Chr. aus den Katakomben der Krypta der Lucina in Rom. Wir sehen einen Fisch, einen Korb mit Brot und einen Becher mit Wein.

Der Fisch ist eines der ersten (verborgenen) Kennzeichen für die Christusgläubigen. Er ist Zeichen für Jesus Christus. Weshalb? Ichthys (griechisch: der «Fisch») steht für: Jesus (I) Christus (CH), Gottes (Theou) Sohn (HYos), Retter (Sotär). Das Wort «Ichthys» bedeutet also Jesus Christus, Gottes Sohn, Retter. Der Korb mit Brot und einem Becher Rotwein zeigt, dass der Erlöser und Retter im eucharistischen Mahl gegenwärtig ist.

Dieses Bild aus den Katakomben zeigt, dass die Eucharistie von Anfang an das Zentrum des christlichen Lebens war. Mehr als 100 Jahre später bezeugten dies 39 Christen in Karthago. Sie wurden am 12. Februar 304 bei der sonntäglichen Feier der Eucharistie festgenommen und antworteten dem Konsul auf die Frage: «Warum seid ihr zusammengekommen?» «Weil ein Christ ohne Versammlung und Herrenfeier nicht sein kann; weil die Herrenfeier nicht ohne uns gefeiert werden kann.» Schön, wenn auch heute die Christen sagen würden: Die Herrenfeier kann nicht ohne uns gefeiert werden. Da müssen wir unbedingt dabei sein!

Hineinwachsen ins eucharistische Leben

Wie können wir das Geheimnis der Eucharistiefeier tiefer entdecken? Wie können wir die erlösende Kraft der Eucharistiefeier für uns und andere fruchtbar machen?

Das Zweite Vatikanische Konzil sagt: «Ehe die Menschen zur Liturgie hintreten können, müssen sie zu Glauben und Bekehrung aufgerufen werden» (Konstitution über die heilige Liturgie 9).

Das Erste und Grundlegende ist der Glaube an die Gegenwart Jesu und an Sein Wirken in der Eucharistie. Glaube ist nicht etwas, was man hat oder nicht hat. Der Glaube ist vielmehr einem Samen vergleichbar, der in uns hineingelegt wurde. Dieser Same kann wachsen, zu einer grossen Pflanze werden und reiche Frucht bringen. Der gleiche Same kann aber auch verkümmern. Es liegt weitgehend an uns, ob unser Glaube wächst und kraftvoll wird, oder ob er verkümmert.

Nur mit Glauben und bekehrtem Herzen ist es den Gläubigen möglich, «dass sie mit der himmlischen Gnade zusammenwirken» (Konstitution über die heilige Liturgie 11), wodurch die erlösende und stärkende Kraft der Heiligen Eucharistie aufgenommen wird. Dann kann diese Kraft unseren Alltag wandeln.

Wir nennen dieses Leben aus der Eucharistie auch eucharistisches Leben. Weil Eucharistie Danksagung heisst, gehört dazu wesentlich auch die Einübung in die Dankbarkeit, in die gläubige Sicht unseres Lebens. Im Judentum gibt es eine Tradition, die sagt, dass der fromme Jude an einem einzigen Tag Gott hundertmal lobpreisen soll: Vom Aufwachen am Morgen bis zum Einschlafen in der Nacht. Alles, was wir empfangen, sollen wir mit Lob und Dank Gott zurückgeben.

Doch solche Dankbarkeit fällt uns nicht einfach zu. Dankbarkeit braucht ein neues Sehen und die Entscheidung zur Dankbarkeit. Wenn ein Glas halbvoll ist, kann ich mich ärgern, dass es halb leer ist oder mich freuen, dass es sogar halb voll ist. Die Entscheidung liegt bei uns. Wir wählen Ärger oder Freude.

Das gilt auch im Blick auf unser Leben, das immer frohe und schmerzliche Aspekte hat. Wir können uns auf das konzentrieren, was schlecht und unerlöst ist. Wir können jedoch zuerst das Positive suchen, das, was gut und bereits erlöst ist. Dann können wir die unerlösten Dinge mit den Augen des Glaubens sehen. Das führt zu einem neuen, ermutigenden und dankbaren Blick.

Dann werden wir die vielen kleinen Geschenke und Überraschungen des jeweiligen Tages sehen: einen freundlichen Gruss, einen kleinen Erfolg, einen wärmenden Sonnenstrahl, ein Lob, eine Ermutigung, eine Hilfe, ein gelungenes Gespräch, ein feines Essen, ... Dann werden wir bei unseren nächsten Mitmenschen – selbst in schwierigen Situationen – etwas Gutes entdecken, wofür wir danken können. So können wir ins dankbare, ins eucharistische Leben hineinwachsen.

Liebe Leserin, lieber Leser

Hier entscheidet es sich, ob Sie diese Schrift zur persönlichen Vertiefung lesen oder ob Sie sich auf den Weg des Eucharistiekurses einlassen. Wenn das zweite der Fall ist, lade ich Sie ein, vor dem Weiterlesen das Teilnehmerheft «Die Eucharistie verstehen und leben. Teilnehmerheft mit Liturgieerklärungen.» zur Hand zu nehmen. Das Teilnehmerheft enthält hilfreiches biblisches und liturgisches Wissen, das uns den inneren Zugang zur Eucharistiefeier erschliesst. So finden Sie darin eine Übersicht über die ganze Eucharistiefeier, die Bedeutung der einzelnen Riten wie auch im Anhang die Erklärung von liturgischen Begriffen.

In der ersten Einheit wird die geschichtliche Entwicklung dieser Feier dargelegt. Meist können wir vieles dadurch besser verstehen, wenn wir erkennen, wie sich etwas entwickelt hat. Ab der zweiten Woche werden jeweils am 4. und 5. Tag die Riten erklärt. Am sechsten Tag finden Sie immer eine bereichernde Erfahrung mit der Eucharistiefeier, die unseren Glauben vertiefen will.

Ich lade Sie ein, für jeden Dank – laut oder leise aussprechen – ein Getreidekorn in eine Schale zu legen.

Reflexion: «Tut dies zu meinem Gedächtnis»

Ein Mann hatte durch eine Meningitis (Gehirnhautentzündung) das Gedächtnis verloren. Trotz dieser Behinderung war er aber grundsätzlich arbeitsfähig. Um nun seiner Tätigkeit nachgehen zu können, hatte er jeweils eine lange Liste, die ihm zeigte, was zu tun war. Was erledigt war, hakte er dann sofort ab, weil er ja schon ein paar Minuten später nicht mehr wusste, ob er die entsprechende Arbeit verrichtet hatte oder nicht.

Das alles zeigt: Einem Menschen, dem eine Krankheit das Gedächtnis geraubt hat, ist etwas Wesentliches verloren gegangen. Er hat das «Vorher» verloren und ist somit dem Augenblick ausgeliefert. Das Vorher und das Nachher – beides hat für ihn keine Bedeutung mehr. So gibt es für ihn in seinem Leben auch keinen «roten Faden». Sein Leben besteht für ihn sozusagen nur aus unzusammenhängenden Momentaufnahmen.

Erinnerung stiftet Identität

Je älter ein Mensch wird, umso bedeutsamer werden ihm die Erinnerungen. Das innere Zurückgehen auf bedeutende und weniger bedeutende Stationen des Lebens sowie das Zurückgreifen auf die Lebenserfahrungen helfen ihm, das «Jetzt» besser einzuordnen und auch schwierigeren Situationen ins Auge zu schauen. Ohne die Möglichkeit uns zu erinnern, können wir unsere Vergangenheit nicht mit der Gegenwart verknüpfen, was den Blick in eine gute Zukunft wesentlich erschwert.

Deshalb wird im gesellschaftlichen, beruflichen und politischen Bereich immer wieder das Sich-Erinnern gepflegt, beispielsweise bei den unzählige Gedenkfeiern und Jubiläen. Auch im persönlichen Bereich kennen wir dies: Wir begehen den Geburtstag, kennen als «Gedenktage» auch Ehetag, Hochzeitstag, Todestag, Weihetag ... Im bewussten Begehen der verschiedenen Gedenkfeiern wird etwas Vergangenes wieder vergegenwärtigt – wird etwas neu lebendig.

Solches Zurückgreifen auf Erfahrungen der Vergangenheit und das Erinnerte für die Gegenwart zugänglich zu machen – gehört zu unserem Menschsein dazu und ist zur aktiven und selbständigen Lebensgestaltung absolut notwendig. Dies gilt für einzelne Menschen, aber auch für jede Gruppierung.

Das Schlimmste, was einer Gruppe geschehen kann, ist, das gemeinsame Gedächtnis zu verlieren. Dann würde diese Gruppe – und damit auch jeder Einzelne – entwurzelt und heimatlos. Weil die Kraft der Erinnerung so wichtig ist, betont die jüdische Religion wie keine andere dieses Erinnern und Gedenken: Denn gerade dieses kleine Volk hatte die Erfahrung gemacht, dass es sich im Erinnern immer wieder vergewissern musste, welche Bedeutung es eigentlich hat und was es in Wahrheit in Gottes Augen ist: *«Denn du bist ein Volk, das dem Herrn, deinem Gott, heilig ist. Dich hat der Herr, dein Gott, ausgewählt, damit du unter allen Völkern, die auf der Erde leben, das Volk wirst, das ihm persönlich gehört» (Dtn 7,6).*

Ein wichtiger und hilfreicher Punkt bei diesem Erinnern ist das Zurückgehen zu den eigenen Wurzeln. Wir selbst kennen das, wenn wir nach unseren Gross- und Urgrosseltern fragen, vielleicht einen Familienstammbaum erstellen. Dies kennt auch das jüdische Volk, und deshalb sind ihm die Genealogien (Aufzählen der Geschlechterfolge) so wichtig. Auf diese Weise vergewissert sich das Volk Israel – die Nachkommen Abrahams, Isaaks und Jakobs, – dass seine eigenen Wurzeln tatsächlich in der Berufung Gottes liegen. Und deshalb darf es auch heute auf Gottes Handeln vertrauen.

Gedächtnis stiftet Zukunft

Die Vergewisserung des Handelns Gottes, Seiner Treue und Seines Mitgehens, wird besonders in den liturgischen Feiern erfahren und deutlich gemacht. Das gilt auch für die Feier der Eucharistie. Sie ist jeweils nicht nur ein gegenwärtiges Geschehen, sondern greift darüber hinaus sowohl in die Vergangenheit wie in die uns verheissene Zukunft. Von diesem Blick auf die Zukunft spricht Paulus in der ältesten Überlieferung der Eucharistie: *«Denn sooft ihr von diesem Brot esst und aus dem Kelch trinkt, verkündet ihr den Tod des Herrn, bis er kommt» (1 Kor 11,26).* Damit sagen wir auch: «Wir wünschen uns, dass Du, Jesus, bald in Herrlichkeit kommst!» Ganz in diesem Sinn haben die frühen Christen in jeder Liturgie Maranatha gesungen: *«Komm, Herr Jesus!» (Offb 22,20).*

2. Willkommen zum Mahl der Liebe – *Eröffnung und Kyrie*

In der Eucharistiefeier geht es um die Liebe, die Gott uns schenken will. Entscheidend ist, dass wir an diese Liebe Gottes glauben und uns ihr in dieser Feier öffnen. Dann kann sie mehr und mehr in unser Leben kommen, uns nähren und wandeln. Dazu will uns der Ritus der Eucharistiefeier helfen.

Ein Ritus ist das Vorgehen nach einer festgelegten Ordnung. Wir alle kennen solche Riten. Jeder hat einen je eigenen Ritus beim Aufstehen und beim sich Waschen. Auch unsere Mitmenschen begrüssen wir in der Regel immer gleich. Wir essen (meist) dasselbe Frühstück. Riten helfen uns. In sichtbaren Riten können wir etwas von unserem Innern ausdrücken und dadurch sichtbar machen.

«Ritus» heisst vom Ursprung her «Verwandlungsweg». Der Ritus kann jedoch nur dann Verwandlung bewirken, wenn wir erstens die Zeichen, die wir im Ritus ausdrücken, verstehen und zweitens diese auch leben wollen.

Vier Teile

Die Eucharistiefeier hat vier Teile. Diese vier Teile werden jeweils eingeleitet mit dem Ruf *Der Herr sei mit euch*. Ich habe einmal in der Schule bei der Kommunionvorbereitung gefragt, was der Ruf *Der Herr sei mit euch*, bedeute. Da antwortete ein Schüler: «Jetzt müssen wir aufstehen.» Der Schüler hat richtig beobachtet. Doch warum stehen wir auf? Wie wir im Alltag aufstehen, um eine Person zu begrüssen, so auch hier. Wir begrüssen Jesus und wenden uns Ihm zu, der in den vier Teilen der Eucharistiefeier in neuer Weise für uns gegenwärtig wird. Die vier Teile sind:

Erstens die Eröffnungsriten: Jesus ist in der Gemeinde und im Priester gegenwärtig: Er nimmt uns an und versöhnt uns. Der liturgische Ort ist der Versammlungsraum des Volkes Gottes und der Priestersitz, der Sitz des Gastgebers.

Zweitens der Wortgottesdienst: Jesus ist gegenwärtig in Seinem Wort: Er spricht zu uns. Der liturgische Ort ist der Ambo.

Drittens die Eucharistie im engeren Sinn: Jesus wird in den eucharistischen Gaben gegenwärtig. Er wandelt und nährt uns. Der liturgische Ort ist der Altar als Ort des Opfers und des Mahles.

Viertens die Schlussriten: Jesus will durch uns in der Welt gegenwärtig sein: Er segnet und sendet uns. Der liturgische Ort ist die Welt, der Alltag der Menschen.

Willkommen zum Mahl der Liebe

Nach diesem Überblick wenden wir uns den Eröffnungsriten zu: In den Hochgebeten für besondere Anliegen wird jeweils auf die Emmausgeschichte, die uns von nun an auf unserem weiteren Weg begleiten wird, Bezug genommen. In der Emmausgeschichte können wir sehen, welch innerer Weg sich in der Eucharistiefeier ereignet. Im Hochgebet für besondere Anliegen betet der Priester: *Ja, du bist heilig, grosser Gott. Du liebst die Menschen und bist ihnen nahe. Gepriesen sei dein Sohn, der immer mit uns auf dem Weg ist und uns um sich versammelt zum Mahl der Liebe. Wie den Jüngern von Emmaus deutet er uns die Schrift und bricht das Brot für uns.*

Heute betrachten wir die erste Aussage: *Der mit uns auf dem Weg ist und uns versammelt zum Mahl der Liebe.* Wir verbinden diese Aussage mit den Riten im Eröffnungsteil. Dazu lesen wir in der Emmausgeschichte: *«Am ersten Tag der Woche waren zwei von den Jüngern Jesu auf dem Weg in ein Dorf namens Emmaus, das sechzig Stadien von Jerusalem entfernt ist. Sie sprachen miteinander über all das, was sich ereignet hatte. Während sie redeten und ihre Gedanken austauschten, kam Jesus hinzu und ging mit ihnen. Doch sie waren wie mit Blindheit geschlagen, so dass sie ihn nicht erkannten...» (Lk 24,13-16).*

Diese zwei Jünger haben Jesus von Nazaret kennengelernt. Dies erfüllte sie mit grosser Freude, ja mit Begeisterung. So waren sie überglücklich, mit Jesus unterwegs sein zu dürfen. Und dann geschah die Katastrophe ihres Lebens. Die Führenden ihres eigenen Volkes liessen Jesus töten, und dazu noch am Kreuz. Schlimmeres hätte es gar nicht geben können. So hatten sie nun alles verloren: ihre Hoffnung, ihren Lebensinhalt und ihre Zukunft.

In vielem gleichen auch wir manchmal diesen zwei Jüngern. Auch wir erfahren immer wieder schmerzhafte Enttäuschungen. Wir nehmen uns manchmal vor, gut zu sein. Wir nehmen uns manchmal vor, stark in der Liebe und im Verzeihen zu sein. Wir nehmen uns manchmal vor, mutig die Wahrheit zu sagen. Wir träumen davon, Gott in allen Lebenslagen zu vertrauen und treu zu sein. Wir nehmen uns vor, gut über diese und andere Menschen zu reden.

Und dann werden wir enttäuscht, von uns selber, manchmal auch von Anderen, von der Kirche, ja von Gott selber. Und was tut Jesus? Er sucht die beiden Jünger und geht mit ihnen. Er hört ihnen einfach zu. Er trägt innerlich ihre Enttäuschungen, ihre Wunden und ihr Versagen mit. Lange Zeit merken die Jünger gar nicht, dass da ein Fremder bei ihnen ist. Sie waren *«mit Blindheit geschlagen»*.

Manchmal kommen wir so mit unserem Alltag beladen zur Eucharistiefeier, dass auch wir *«wie mit Blindheit geschlagen»* sind, das heisst: es braucht Einiges, bis wir erkennen, dass Er da ist. Das ist das Erste bei der Eucharistiefeier: Jesus ist da. So ist Er im Tabernakel da, wenn wir ins Gotteshaus eintreten. Er ist da in der Gemeinschaft des versammelten Volkes Gottes.

Jesus ist Gastgeber

Wir feiern die Eucharistie in einem besonderen Raum, im Haus Gottes. Haus Gottes zeigt: Gott gibt uns in Seinem Haus, in Seinem Herzen Raum. Wir haben bei Ihm – so wie wir sind – Platz.

Der Gastgeber hat normalerweise einen besonderen Platz. So gibt es im Gottesdienstraum meist vorne einen Priestersitz, der in der Mitte steht und besonders gestaltet ist. Wenn der Priester sich auf diesen Stuhl setzt, dann repräsentiert er Jesus Christus. Darauf weist auch das Priestergewand hin. Da der Priester bei der Messe «in persona Christi» (das heisst: in der Person Christi) handelt, soll das auch erkennbar sein.

In erster Linie sollte dieses Erkennen möglich sein durch das Streben des Priesters nach einem christus-ähnlichen Leben und durch die gläubige Art und Weise, wie er die Eucharistie feiert. Darüber hinaus trägt sein äusseres Erscheinungsbild dazu bei, in ihm Christus erkennbar zu machen. Ein Bischof gab auf die Frage, warum denn die Priester und Bischöfe bei der Messe herausragend schöne Gewänder tragen, die Antwort: «damit ihre Sündhaftigkeit zugedeckt wird, während sie in der Person Christi am Altar stehen.» Charles de Foucauld sagte einmal: «Der Priester ist eine Monstranz. Seine Aufgabe ist es, Jesus zu zeigen. Er selbst muss sich zurücknehmen und zulassen, dass man nur Jesus sieht.»

Das Priestergewand will also zeigen: Jesus ist der Gastgeber. Er

Jesus ist der Gastgeber

heisst uns als Gäste willkommen. Wir sind bei Ihm eingeladen. Er will uns bedienen. Das meint auch das Wort «Gottesdienst»: Gott dient uns. Gott will uns beleben und erfreuen.

Das Priestergewand zeigt aber auch: Es geht jetzt nicht um den Priester als Person, sondern um den Herrn. Er ist die Hauptperson dieser Feier. Um Ihn geht es. Er, Jesus, ist der Gastgeber.

Hinweise zum Ritus

Das Taufwasser beim Eingang der Kirche kann uns erinnern: Ich habe einen Namen. Ich bin hinein getaucht in die Liebe Gottes. Gott steht ganz zu mir. Er hat sich an mich gebunden. Er ist immer mit mir und für mich da.

Das wird verstärkt durch das Kreuzzeichen. Es ist ursprünglich ein Eigentumszeichen. Wenn wir uns das Kreuzzeichen machen, bekennen wir den Taufbund: Wir gehören Jesus Christus und sind mit Ihm hineingenommen ins Leben und in die Liebe des dreifaltigen Gottes. Wir sind Eigentum Gottes. Wir sind Töchter und Söhne Gottes. Unser Leben hat eine viel grössere Dimension als das, was wir sehen und erleben.

Erinnerung und Zusage

Wir beginnen die Eucharistiefeier mit dem Kreuzzeichen: *Im Namen des Vaters und des Sohnes und des Heiligen Geistes. Amen.* Wir öffnen uns für eine tiefere Gemeinschaft mit dem Dreifaltigen Gott. Wir versammeln uns im Namen, in der Gegenwart, in der Atmosphäre, im Sein des dreifaltigen Gottes. In Gott strömt Liebe und Leben zwischen den drei göttlichen Personen, ein Strom ohne Ende, ein Strom, der alles erfassen, alles durchdringen und alles wandeln möchte. Diesem Strom öffnen wir uns. Wir weisen mit dem Arm nach oben. Von oben kommt Bejahung und Bestätigung auf uns zu. Dieses Sein-dürfen will hineinströmen in unsere tiefsten Schichten, dann nach links und rechts zu allen Menschen, und so zur ganzen Schöpfung.

Durch den Priester spricht uns Jesus die Zuwendung Gottes zu. Die einfachste Form dieses liturgischen Grusses heisst: Der Herr sei mit euch und kommt vom lateinischen 'Dominus vobiscum', was einfach heisst: Der Herr mit euch. Wir können einfügen ist oder sei.

Bei «Der Herr *ist* mit euch» geht es ums eigene Bewusstwerden, dass Er und Seine Gnade seit der Taufe unwiderruflich immer mit uns sind. «Der Herr *sei* mit euch» ist die Zusage, der Wunsch, dass Er mit Seiner Liebe und Kraft uns und unsere Gemeinschaft immer mehr erfüllen und durchdringen möge.

Hier und noch öfters gibt es im Ritus verschiedene Variationen. Oft sagt der Priester schlicht: *Der Herr sei mit euch oder: Gnade und Friede von Gott unserem Vater und dem Herrn Jesus Christus sei mit euch.* Solche Variationen bringen Abwechslung und lassen neu hinhören, damit wir offener werden für den, der uns jetzt begegnet.

Wie dieser Zuruf des Priesters Erinnerung und Zusage ist, so auch die Antwort: *Und mit deinem Geiste.* Das Volk erinnert den Priester, dass durch den Geistempfang in der Priesterweihe jetzt «der Herr» durch und in ihm wirkt. Im Klartext sagt die Gemeinde: Denk daran, lieber Priester, «der Herr» ist es, der jetzt zu uns spricht und die Eucharistie mit uns feiert!

Annahme heilt

Eine weitere Form des liturgischen Grusses geht auf Paulus zurück, der an die Gemeinde in Korinth schreibt: *«Die Gnade Jesu Christi, des Herrn, die Liebe Gottes und die Gemeinschaft des Heiligen Geistes sei mit euch allen!» (2 Kor 13,13)*

Die Gnade unseres Herrn Jesus Christus zeigt: Am Anfang wird uns das ganze Wohlwollen der Liebe Gottes zugesprochen. Diese Zuwendung Gottes, die uns gut tun möchte, heisst Gnade, griechisch «charis». Sie ist in Jesus Christus in der ganzen Fülle zu uns gekommen. Gnade besagt: Ein Strom der Liebe fliesst auf uns zu: «Schön, dass du da bist. Schön, dass es dich gibt.

Die Liebe Gottes des Vaters ... erinnert uns, dass die Vaterliebe Gottes uns den Rücken stärkt, Halt und Geborgenheit vermittelt. Weil Gott Vater ist, sind wir Seine geliebten Kinder, Gottes Töchter und Gottes Söhne. Diese Tatsache ist an keine Bedingung geknüpft: Wir bleiben Seine Kinder, was immer auch kommt.

Und die Gemeinschaft des Heiligen Geistes besagt, dass im Heiligen Geist Gottes Liebe, die uns von innen her heilt, erneuert und belebt, in unsere Herzen ausgegossen ist.

Ein Familienvater hatte die Gewohnheit, jeden Abend seine Kinder mit einem Kreuzzeichen auf die Stirn zu segnen. Eines Tages war einer seiner Söhne besonders schwierig gewesen, und der Vater beschloss, ihn dadurch zu bestrafen, dass er ihm keinen Segen gab.

Doch der Sohn wartete abends im Bett mit Ungeduld auf den Segen seines Vaters, und als das Kreuzzeichen nicht kam, begann er zu schluchzen: «Papa, du bist ein Lügner!» Der Vater bat um eine Erklärung, und der Sohn sagte: «Jeden Abend sagst du, du gebest mir den Segen Gottes. Wenn das wirklich wahr wäre, dann gäbest du mir ihn auch heute Abend, wo ich unerträglich war und ihn nötiger habe als sonst, damit ich aus meinem Zorn herauskommen kann.»

Der Segen, die unverdiente Erfahrung der Liebe des Vaters hätten dem Buben geholfen, den Zorn loszulassen und zu vergeben. Darum geht es auch bei uns: Wenn wir angenommen sind, können wir das Beschämende, das Schwache und die Schuld zulassen und anschauen ohne mutlos zu werden.

Unheiles anschauen

Solches Aufdecken und Annehmen fällt nicht leicht. Vieles kann sich im Menschen dagegen sträuben, weil die Realität oft schmerzt. Wir können diesem Leiden durch Verdrängung und Beschuldigung ausweichen. Verdrängung kann manchmal notwendig sein, weil der Schmerz zu gross ist, um ihn ertragen zu können. Doch durch Verdrängung wird nichts geheilt – im Gegenteil: Das Verdrängte wirkt störend in der Tiefe unseres Unbewussten weiter. Es sehnt sich danach, angeschaut und angenommen zu werden, damit es erlöst werden kann. Paulus hat dies so formuliert: *«Alles, was aufgedeckt ist, wird vom Licht erleuchtet» (Eph 5,13).* Wo Licht hinkommt, wird es hell und dadurch auch Wandlung möglich.

Neben der Verdrängung versucht die Beschuldigung dem Schmerz auszuweichen. Da machen wir andere verantwortlich für unseren Schmerz. Wir können uns selber beschuldigen. Wir können Gott beschuldigen, weil Er das, was so weh tut, zulässt. Wir können die Umstände beschuldigen. Doch meistens beschuldigen wir andere Menschen. Beschuldigen führt leicht zur Verhärtung und zur Verbitterung.

Auch die beiden Emmausjünger waren in dieser Gefahr. Sie hätten alles in sich hineinfressen können und den Pharisäern, Schriftgelehrten, Sadduzäern, dem Hohen Rat, den Römern oder Gott die Schuld geben können. Sie waren nahe daran, verbittert zu werden. Nicht nur sie, wir alle sind ein Leben lang in Gefahr zu verbittern.

Doch Heilung kann sich erst einstellen, wenn wir aufhören zu beschuldigen und die Verantwortung für unser Denken, Fühlen und Handeln übernehmen. Wer immer – ob zu Recht oder nicht – Beschuldigungen aufrecht erhält, baut eine Mauer zwischen sich und den Betroffenen. Diese Mauer trennt. Trennen, sich absondern, heisst «Sünde». Dadurch kann die Liebe Gottes nicht fliessen.

Das Schuldbekenntnis

Hier lädt uns der Ritus ein, ruhig zu werden, in uns hineinzusehen, um solche Mauern und Beschuldigungen zu entdecken. Wir dürfen alles zulassen, was in uns da ist und sagen: Ja – so bin ich.

Der Ritus lädt uns weiter ein, nun auf Jesus zu schauen, auf Seine Liebe, Seine Heiligkeit und Wahrheit. Das lässt uns erkennen, wo wir von Gott weggegangen sind und nicht nach Seiner Liebe gelebt haben. Schuldbewusstsein ermöglicht Veränderung. Denn erst, wenn ich weiss, was mein Anteil an dieser oder jener gestörten Beziehung ist, ist eine Verhaltensänderung möglich. Wir hören auf, Andere zu beschuldigen und bekennen unsere Schuld.

Da wir nie alleine vor Gott stehen, können wir auch die Schuld anderer, die Sünde der Kirche, vor Gott tragen: *Ich bekenne, Gott dem Allmächtigen, und allen Brüdern und Schwestern, dass ich Gutes unterlassen...* Zuerst bekenne ich, wo ich das gute Wort, die helfende Unterstützung, die Liebe zu Gott, zu den Mitmenschen, zu meiner Lebensberufung, ... aus Feigheit und Bequemlichkeit unterlassen und zu wenig gelebt habe. Die Kirche zeigt uns hier, dass zuerst unsere Unterlassungssünden ernst zu nehmen sind.

...und Böses getan habe. Ich habe gesündigt in Gedanken, Worten und Werken... Am Anfang von viel Bösem stehen verkehrte, argwöhnische, unreine und überhebliche Gedanken, verwerfliche Ideen und egoistische Pläne. Aus sündhaften Gedanken kommen oft böse und verletzende Worte, Lügen, Halbwahrheiten, ... die dann zu sündhaften Taten führen können.

... durch meine Schuld, durch meine Schuld, durch meine grosse Schuld. Zugeben und bekennen ist der erste Schritt. Wie befreiend ist es doch, wenn jemand sagt: Es tut mir leid, das ist meine Schuld, mein Fehler. Ich steh dazu! Das wirkt erlösend.

Klar zur eigenen Schuld stehen ist das Eine. Doch dann geht es darum, uns von allen verkehrten Gedanken, Worten und Taten zu trennen. Doch das ist gar nicht so einfach. Oft «klebt» vieles an uns, oder wir tun uns schwer, uns klar und entschieden von einer Sünde zu trennen. Deshalb beten wir weiter: *Darum bitte ich die selige Jungfrau Maria, alle Engel und Heiligen und euch, Brüder und Schwestern, für mich zu beten bei Gott unserem Herrn.* Wir rufen den Himmel, Maria, die Mutter Gottes, die Heiligen und die Engel um ihre Unterstützung an. Und wir beten füreinander, dass unsere Entschiedenheit, uns von jeder Sünde zu trennen, wachse, damit Er uns von aller Sünde, aller Auflehnung, allem Murren und aller Unreinheit heilen kann.

Wie die «Zwölf-Apostel-Lehre», die früheste Kirchenordnung um ca. 100 n. Chr. zeigt, gehörte das Sündenbekenntnis von Anfang an zur Eucharistiefeier: «Wenn ihr am Herrentag zusammenkommt, brecht das Brot und sagt Dank, nachdem ihr zuvor eure Verfehlungen bekannt habt, damit euer Opfer rein sei» (Kap. 14,1). Die intensivste Form der Befreiung von Schuld ist das Busssakrament. Es bereitet uns am Idealsten auf die Eucharistiefeier vor. Doch auch hier wird uns vergeben, wenn wir unsere Sünden bereuen.

Die Zusage der Vergebung Gottes geschieht im Gebet des Priesters: *Der allmächtige Gott erbarme sich unser. Er lasse uns die Sünden nach und führe uns zum ewigen Leben.* Dabei ist es bei uns üblich ein Kreuzzeichen zu machen, weil alle Vergebung vom Kreuz her kommt, wo Jesus die Schuld der Menschheit getragen hat und das *Amen* gemeinsam zu sprechen.

Jesus Christus ist die Sonne, die über unserem Leben aufgeht.

Das Kyrie

Nachdem wir das Verzeihen und die Liebe Gottes neu angenommen haben, ist jetzt Christus in uns, in unseren Beziehungen und in unserer Gemeinschaft – wir können sagen in strahlenderer und intensiverer Weise – gegenwärtig. Nun schauen wir auf zu Ihm, denn *«durch seine Wunden seid ihr geheilt» (1 Petr 2,24c).* Er hat alle Schuld der Menschheit bereits getragen. Durch Ihn wird alles gut. Wir begrüssen Ihn mit Freude mit dem Kyrie-Ruf.

Der Kyrie-Ruf hat seinen Ursprung im römischen Kaiserkult. Wenn der Kaiser in all seiner Macht und Hofpracht kam, rief das Volk: «Kyrie eleison.» Dies war ein demonstrativer Anerkennungsruf mit der Bitte um Hilfe und Erbarmen. Es war auch die Haltung, in der sich die Verehrer des Sonnengottes «Sol invictus» (unbesiegbare Sonne) der aufgehenden Sonne zuwandten. Sie erhoben ihre Hände zur Sonne und riefen: «Kyrie eleison.»

Die wahre und eigentliche Sonne, die über unserem Leben aufgeht, ist Jesus Christus. Er ist das Licht, das alles erhellt. Er ist die

Liebe, die alles heilt. Er ist der Erlöser von allem Dunklen, Negativen und Bitteren. Im Kyrie-Ruf schauen wir auf zum Auferstandenen, durch den uns Gott die ganze Fülle Seines Erbarmens schenkt. Im Kyrie-Gebet stehen wir aufrecht vor dem erhöhten Herrn und grüssen die Sonne unseres Lebens und der ganzen Schöpfung.

Das Kyrie kann auch mit dem Schuldbekenntnis verbunden werden. Dann stehen wir im Kyrie vor dem erhöhten Herrn, vor der heilenden Sonne des Erbarmens Gottes und geben Ihm unsere Beschuldigungen, Widerstände, Sünden, Enttäuschungen und Wunden und legen sie in Seine Hände. Wir sagen Ihm: Dir vertrauen wir unsere Schuld und unsere Wunden an, denn wenn einer uns da heraushelfen kann, dann bist es Du allein! Kyrie eleison!

Das Gloria

Am Sonntag – ausser im Advent und der Fastenzeit – und an Festtagen folgt dann das Gloria, welches das Kyrie entfaltet. Wir beten den Vater an und geben Ihm die Ehre. Dieses Gloria, dieses Lob auf den gegenwärtigen Herrn, wird oft jubelnd in einem Lied besungen.

Das Gloria beginnt mit den Worten, welche die Engel den Hirten in Betlehem verkündet haben: *Ehre sei Gott in der Höhe und Friede auf Erden den Menschen seiner Gnade.* Dann beten wir weiter: *Wir loben dich, wir preisen dich, wir beten dich an, wir rühmen dich und danken dir, denn gross ist deine Herrlichkeit: Herr und Gott, König des Himmels, Gott und Vater, Herrscher über das All, Herr, eingeborener Sohn, Jesus Christus.*

Herr und Gott, Lamm Gottes, Sohn des Vaters, du nimmst hinweg die Sünde der Welt: erbarme dich unser; Du nimmst hinweg die Sünde der Welt: nimm an unser Gebet; du sitzest zur Rechten des Vaters: erbarme dich unser. Denn du allein bist der Heilige, du allein der Herr, du allein der Höchste: Jesus Christus, mit dem Heiligen Geist, zur Ehre Gottes des Vaters. Amen.

Das Tagesgebet

Auf die Einladung *Lasset uns beten* folgt eine kurze Stille, in der wir unsere persönlichen Anliegen vor Gott tragen können.

Dann fasst der Priester die Gebete der Gläubigen im Tagesgebet vor Gott zusammen. Die ausgebreiteten Arme des Priesters weisen auf Jesus Christus hin, der am Kreuz die Arme ausgebreitet hat und auch jetzt unsere Anliegen durch den Priester zum Vater trägt.

Liebe Leserin, lieber Leser

Wie ist es Ihnen bei der Darlegung der Eröffnungsriten gegangen? Fühlen Sie sich angesprochen? Vielleicht haben Sie gemerkt, dass es gut ist, einige Aspekte zu vertiefen. Dann lade ich Sie ein, das Gelesene mit dem Teilnehmerheft zu vertiefen. Das hilft Ihnen mit dem Herzen offen zu werden für die nächste Etappe, das Wort Gottes.

Reflexion: Sonntag und Eucharistie

Die Eucharistiefeier ist kein rein geistiges Geschehen. Der ganze Mensch – mit Leib und Seele – ist angesprochen und mit einbezogen. Vielfach ist uns dies nur wenig bewusst, aber: Auch unser Leib ist Ort der Begegnung mit Gott.

Wer in Italien zuschaut, wie Einheimische miteinander reden, kann schnell feststellen, dass die Hände dabei fast genauso wichtig sind wie die Lippen. Und das ist nicht nur in Italien so. Überall drücken wir Menschen uns mit und in unserem Leib aus, «sprechen» durch unseren Leib: Körperhaltung, Gesichtsausdruck, die Art und Weise, wie wir uns im Gespräch geben, all dies drückt viel von dem aus, was uns innerlich bewegt.

Unsere Sinne: Türöffner für die Seele

Trauer, Schmerz, Fassungslosigkeit, Wut, Zorn, Desinteresse, Freude, Glück, Liebe und Wohlwollen – all dies zeigt sich normalerweise im und durch den Leib. Unser inneres Sein hat den Drang, sich mitzuteilen und auszudrücken. Wir sind keine reinen Geistwesen, sondern Menschen aus Fleisch und Blut. So redet unser Leib durch die Mimik, redet in Gesten, Körper-Haltungen und Zeichen: Ob und wie ich auf eine andere Person zugehe, ob ich ihr ein herzliches Begrüssungszeichen gebe oder ob ich sitzen bleibe und ihre Gegenwart einfach nur zur Kenntnis nehme, das macht viel von meiner Beziehung zu ihr deutlich.

Nun drückt sich nicht nur das Innere sichtbar im Körper aus – auch der umgekehrte Vorgang geschieht: Äussere Einflüsse wirken auf das innere Erleben ein. Ein schön und liebevoll gedeckter Tisch mit Blumen, Kerzen und kunstvoll gefalteten Servietten bewirkt eine festliche Atmosphäre. Es gibt Räume, die ansprechen und Heimat geben, die eine Atmosphäre der Sammlung ausströmen. Es gibt auch Orte, da betet es sich «einfacher».

Auch Kleider haben eine Wirkung – sowohl für den, der sie trägt, wie für die Umgebung. Ob ich ein Konzert im Festtagskleid oder im Arbeitsgewand besuche, ist nicht dasselbe – weder für mich, noch für die anderen Zuhörer. Gerne erinnere ich (Leo Tanner) mich an meine Kindheit zurück. Für mich war es immer ein besonderes Gefühl, eine besondere Stimmung, wenn ich die Sonntagsbekleidung anziehen durfte. Das bewirkte, dass es in mir «Sonntag» wurde.

Viel zu einer guten Atmosphäre tragen auch Gesang und Instrumentalmusik bei. Deutlich merken wir das an den altbekannten Advents- und Weihnachtsliedern. Sie rühren uns Menschen in besonderer Weise an und stimmen die Seele in diese besinnliche Zeit ein. Die Musik spricht die emotionalen Tiefen des Menschen an.

Sehen, hören, fühlen, riechen und schmecken, diese Tätigkeiten unserer fünf äusseren Sinne, haben auch in der Eucharistiefeier beziehungsweise in anderen liturgischen Feiern ihren Raum. Die liturgischen Farben, sowie Glocken, Blumen, Bilder, Statuen, Kreuze, Kerzen, Wasser, Brot, Wein, Weihrauch, Asche, Feuer, Öle, Kräuter und vieles mehr wollen uns Herz und Sinne für die Begegnung mit Gott öffnen.

Alltag und Sonntag, Busszeiten und Festzeiten erhalten dadurch eine besondere Note. Sich mit allen Sinnen ansprechen zu lassen ermöglicht ein tieferes Erleben. Doch wenn jeder Tag ein Festtag wäre, käme bald der Überdruss. Es ist sinnvoll und angemessen, sich auf besondere Festtage vorzubereiten – auch durch ein zeitweiliges freiwilliges Verzichten auf Bequemlichkeit, Genuss und ähnliches. Von daher gilt: Hochfeste bedingen Zeiten des Fastens, der Vorbereitung, damit sie als «Hochfeste» – eben als etwas Besonderes – ganz aufgenommen und genossen werden können.

Körperhaltungen

Zum ganzheitlichen Erleben von Körper, Seele und Geist gehören auch Wissen und Bewusstheit. Darum nun einige Hinweise, die aufzeigen wollen, was mit den für die Liturgie typischen Ausdrucksformen wie Stehen, Gehen, Knien, Sitzen und der Haltung der Hände ausgedrückt werden kann:

– Stehen

Aufstehen und Stehen sind Zeichen der Ehrerbietung und Achtung. In der Eucharistiefeier wird nun an mehreren Stellen Jesus Christus, unserem Herrn, durch Aufstehen und Stehen ausdrücklich Ehrerbietung entgegengebracht: so zu Beginn der Messe, beim Lobgesang des «Gloria», beim Evangelium und bei der Präfation. Stehen drückt zudem die Bereitschaft zu Dienst und Sendung aus. Wer steht, kann sofort losgehen. Am Ende des Gottesdienstes wieder aufzustehen unterstreicht die Bereitschaft, sich von Jesus in die Welt senden zu lassen.

In der Haltung des Stehens, die ja auch «Einstehen für» und «Zuetwas-Stehen» ausdrückt, zeigen sich Engagement und innere Einstellung. Darum erheben wir uns beim Glaubensbekenntnis, bei den Fürbitten, bei Tages-, Gaben- und Schlussgebet.

Stehen entspricht der Haltung des österlichen Menschen. Als Erlöste sind wir keine unwürdigen Mägde und Knechte, sondern Töchter und Söhne Gottes. Diese Würde und unser Selbstbewusstsein können sich in aufrechter Haltung und in aufrechtem Gehen ausdrücken.

– Gehen

Im aufrechten Gehen zeige ich, dass ich mich nicht verstecken muss. Ich bin Tochter beziehungsweise ein Sohn Gottes. Ich darf mich zeigen. Im Gehen darf ich mich – dieser Würde bewusst – in die Welt und in meine Sendung hineinbegeben und hineingeben. In dieser Haltung gehen wir zur Kommunion.

Gehen symbolisiert auch unser Unterwegssein als Volk Gottes. Wir sind unterwegs, und Gott selbst ist mit uns. Dies wird insbesondere durch die Anordnung innerhalb einer Prozession deutlich: Kreuz oder Kerze an der Spitze zeigen, dass Jesus Christus uns vorangeht. Er geht voraus, und wir folgen Ihm nach.

– Knien

«Die Knie galten für die Hebräer als Sinnbild der Kraft, das Beugen der Knie ist so Beugen unserer Kraft vor dem lebendigen Gott, Anerkennung dessen, dass wir alles, was wir sind, von ihm haben» – so Kardinal Ratzinger, unser heutiger Papst, in seinem Buch «Der Geist der Liturgie» (S. 159). Heute ist es unter anderem im deutschsprachigen Raum üblich, während des Einsetzungsberichtes bei der

Wandlung zum Zeichen der tiefen Verehrung und Anbetung niederzuknien. Wir knien je nach Ort vor und beim Kommunionempfang sowie bei besonderen Momenten der Anbetung. Wir beugen die Knie als «anbetende Begrüssung» und Verehrung Christi beim Betreten oder Verlassen einer Kirche, beziehungsweise zu Beginn und am Ende der liturgischen Feier.

Im Hinknien zeige ich, dass ich nicht der Erlöser bin, sondern nur ein schwacher, bedürftiger Mensch, der Erde nahe und Gott die Ehre gebend. Im Knien anerkenne ich, dass Gott der Herr und Heilige ist und dass Ihm alle Ehre gehört. Dies bewusst zu vollziehen kann sehr befreiend sein.

– Sitzen

Das Sitzen entlastet den Körper und macht ihn offen aufzunehmen. Die hörende Haltung kommt vor allem bei der Predigt zum Ausdruck. Es ist auch die Haltung der Stille, des inneren Verweilens, des gesammelten Aufnehmens und des Nachdenkens.

Sich zu jemandem hinzusetzen hat einen sozialen Aspekt. Beieinander zu sitzen fördert die Gemeinschaft. So auch im Gottesdienst: Wir sitzen miteinander vor Gott.

– Haltung der Hände

Hände und Arme sind wichtige Ausdrucksmittel unseres Körpers. Öffnen der Hände sowie Ausbreiten der Arme weisen auf inneres Offensein, auf Zuwendung und Umarmung hin. Verschränkte und eng angelegte Hände können Ablehnung oder die Konzentration auf sich selbst signalisieren.

Das Falten der beiden Handflächen zueinander mit der Ausrichtung nach oben stammt aus der Ritterzeit. Durch die gefalteten Hände wurden dem Ritter gegenüber Hingabe und Treue ausgedrückt.

Neben dem «Händefalten» ist heute noch eine andere Handhaltung weit verbreitet, und zwar die alte biblische Gebetshaltung; beide Handflächen geöffnet, nach vorn und erhoben gehalten. Diese Gebetshaltung kannte schon die Urkirche. In der so genannten «Orantenhaltung» (von lat. orare = beten) des Priesters lebt dies bis heute weiter. Erfreulicherweise verbreitet sich diese Gebetshaltung auch wieder unter Laien, vor allem beim Beten des Vaterunsers. In dieser Geste zeigen wir: Wir sind Bittende und Empfangende.

Arme, Hände, Augen und Mund sind geöffnet und weisen nach oben.

Beim Empfang der Kommunion (Handkommunion) zeigen die leeren Hände unsere Bedürftigkeit an. Zugleich verweisen sie auf die Demut Jesu Christi, der sich in der Gestalt des Brotes in unsere Hände begibt und sich uns so ganz ausliefert.

3. Wenn uns ein Licht aufgeht – *Wort Gottes*

Wir kommen zum Gottesdienst mit vielfältigen Wünschen, Erwartungen und Vorstellungen. Wir sagen Gott das, was wir auf dem Herzen haben. Wir möchten, dass Er uns hört und erhört. Doch das ist nur die eine Seite.

Denn Gott selbst hat Anliegen, und Er möchte, dass wir auf Ihn hören. Dies deswegen, weil Er uns liebt, uns glücklich machen und den Segen unseres Lebens vermehren will. Das geschieht, wenn wir auf Ihn hören und das tun, was Er uns sagt. Um dieses Hören auf Ihn geht es in diesem Teil der Eucharistiefeier. Jesus möchte, dass uns immer wieder ein Licht aufgeht.

Ein Licht geht auf

Im Hochgebet für besondere Anliegen heisst es: *Ja, du bist heilig, grosser Gott. Du liebst die Menschen und bist ihnen nahe. Gepriesen sei dein Sohn, der immer mit uns auf dem Weg ist und uns um sich versammelt zum Mahl der Liebe. Wie den Jüngern von Emmaus deutet er uns die Schrift …* Und wie hat Jesus den Emmausjüngern die Schrift erschlossen?

Enttäuscht und resigniert gehen die Emmaus-Jünger von Jerusalem weg. Da kommt, ohne dass diese es zunächst merken, ein Fremder zu ihnen. Er hört ihnen zu. Er fühlt mit ihnen. Und dann fragt Er sie: *«Was sind das für Dinge, über die ihr auf eurem Weg miteinander redet? Da blieben sie traurig stehen, und der eine von ihnen – er hiess Kleopas – antwortete ihm: Bist du so fremd in Jerusalem, dass du als einziger nicht weisst, was in diesen Tagen dort geschehen ist? Er fragte sie: Was denn? Sie antworteten ihm: Das mit Jesus aus Nazaret. Er war ein Prophet, mächtig in Wort und Tat vor Gott und dem ganzen Volk. Doch unsere Hohenpriester und Führer haben ihn zum Tod verurteilen und ans Kreuz schlagen lassen. Wir aber hatten gehofft, dass er der sei, der Israel erlösen werde. Und dazu ist heute schon der dritte Tag, seitdem das alles geschehen ist. Aber nicht nur das. Auch einige Frauen aus unserem Kreis haben uns in grosse Aufregung versetzt. Sie waren in der Frühe beim Grab, fan-*

den aber seinen Leichnam nicht. Als sie zurückkamen, erzählten sie, es seien ihnen Engel erschienen und hätten gesagt, er lebe. Einige von uns gingen dann zum Grab und fanden alles so, wie die Frauen gesagt hatten; ihn selbst aber sahen sie nicht» (Lk 24,17–24).

Nachdem die beiden Jünger Ihm all ihre Enttäuschungen und all ihr Unverständnis mitgeteilt haben, beginnt nun Er zu reden: *«Begreift ihr denn nicht? Wie schwer fällt es euch, alles zu glauben, was die Propheten gesagt haben. Musste nicht der Messias all das erleiden, um so in seine Herrlichkeit zu gelangen?» (Lk 24,25-26).* Die Jünger haben sich damals einen Messias in Macht und Herrlichkeit vorgestellt. Sie meinen, Er werde ihr Volk durch machtvolles Eingreifen von der römischen Besatzungsmacht befreien. Da sagt ihnen dieser Fremde: «Da liegt ihr völlig falsch. Ihr seid blind für Gottes Wege!»

Und wir – Sie und ich – welche Sichtweisen machen uns blind für Gottes Wege? Wir können dem auf die Spur kommen, wenn wir in unser Herz hineinhorchen: Wo steigt ein Warum auf? Gegen was lehnt sich unser Innerstes auf, weil wir es lieber anders hätten? Eigentlich – so denken wir manchmal – wäre doch alles ganz einfach. Wenn ich Gott wäre, dann würde ich das und jenes so und so machen. Dann wären alle Probleme gelöst. Das Festhalten an solchen Vorstellungen macht uns blind für Gottes Wege.

Noch etwas macht die Jünger blind für Gottes Wege. Sie sind auf das fixiert, was sie jetzt, in diesem Moment sehen und fühlen. Ihr Urteil darüber lautet: Es ist schlecht. Es müsste nicht sein.

Jesus sieht wie das gleiche, schmerzliche Ereignis in den grossen Heilsplan Gottes eingebunden ist und kommt zum Urteil: Dieses schmerzliche Ereignis ist notwendig und gut, denn *«musste nicht der Messias all das erleiden, um so in seine Herrlichkeit zu gelangen?»*

Die göttliche Sicht

Während Jesus mit den beiden Jüngern ging, *«legte er ihnen dar, ausgehend von Mose und allen Propheten, was in der gesamten Schrift über ihn geschrieben steht» (Lk 24,27).* Jesus legt die grosse Geschichte Gottes mit Seinem Volk dar. Er erzählt von Mose, wie er das Volk in die Freiheit führte. Er erzählt von den Propheten, die das Volk immer wieder motivierten, die hart errungene Freiheit nicht aufs Spiel zu setzen. Er erzählt vom Propheten Jesaja, der einen leidenden Gottesknecht als Messias ankündigte. Dabei zeigt Er auf, wo Mose bereits auf Ihn Bezug nahm, wo die Propheten von Ihm sprachen und wo Jesaja beim leidenden Gottesknecht bereits Sein Sterben und Auferstehen ankündigte.

Und während Jesus so von den grossen Zusammenhängen redet, löst sich in ihnen mehr und mehr die Fixierung auf ihre Messiasvorstellungen und auf den Augenblick. Nach und nach können sie ihre Situation in einem neuen Licht sehen. Und auf einmal erinnern sie sich: Wurde ihnen nicht die Auferstehung Jesu verkündigt? Eröffnet dies nicht neue Perspektiven? Wenn es wirklich so ist, dass durch diesen Tod Gottes Herrlichkeit offenbar wird, dann kann dies alles sogar gut und richtig sein. Dann darf es so sein, wie es ist.

Die Situation hat sich nicht verändert, aber Jesus hilft den Jüngern, ihre Situation in einem neuen Licht zu sehen. Er zeigt ihnen die göttliche Sicht ihrer schmerzlichen Lebenssituation.

Im Bild von Sieger Köder mit dem Titel «Verklärung» fallen sofort hell und dunkel auf: Die Sicht von unten, von irdischer Sicht und die Sicht von oben. Von oben fällt Licht auf die Jünger, die im Dunkeln, in ihrer eigenen begrenzten Sicht, ganz verfangen sind.

Jesus, der innerlich wusste, dass Ihm ein gewaltsamer Tod bevorstand, suchte Hilfe im Gebet. So nahm Er Petrus, Jakobus und Johannes mit auf einen Berg. *«Und während er betete, veränderte sich das Aussehen seines Gesichtes, und sein Gewand wurde leuchtend weiss. Und plötzlich redeten zwei Männer mit ihm. Es waren Mose und Elija; sie erschienen in strahlendem Licht und sprachen von seinem Ende, das sich in Jerusalem erfüllen sollte» (Lk 9,29-31).*

Mose steht für das Gesetz, Elija für die prophetische Tradition. Beide reden mit Ihm über den Ausgang Seines Lebens. Das heisst: Nur im Licht der ganzen Heilsgeschichte kann der Ausgang des Lebens Jesu in Jerusalem verstanden werden. Nur der ganze Zusammenhang lässt das Einzelereignis richtig sehen. Das gilt auch für unser Leben. Wir können letztlich erst von der Ewigkeit her unser Leben verstehen und die Führung und Fügungen Gottes darin als Zeichen Seiner Liebe erkennen.

Im oberen Teil des Bildes erscheint Jesus strahlend als der Auferstandene. Die Wundmale, sichtbar an der rechten Hand, zeigen, dass Er mit Seiner ganzen Lebensgeschichte da ist. Hände und Gesicht sagen: «Schaut auf, ich bin der erwartete Messias. Schaut, mein Weg ist der Weg in die Herrlichkeit.» Jesus sagt dies Mose, Elija und den drei Jüngern im unteren Teil des Bildes und ebenso uns heute!

Damit dieses Licht in die Dunkelheit der drei Jünger und in unsere Dunkelheit kommen kann, *«rief eine Stimme aus der Wolke: Das ist mein auserwählter Sohn, auf ihn sollt ihr hören» (Lk 9,35).* Von Ihm sollt ihr Licht und Sinn erwarten. Ihm sollt ihr vertrauen und folgen. Auf Ihn sollt ihr in allen Zweifeln, Fragen, Enttäuschungen und Dunkelheiten ausgerichtet bleiben. Das ist der Weg in die Herrlichkeit.

Der Sinn des Wortes Gottes

Als Jesus zu den Emmaus-Jüngern sprach, kam Licht in ihr Leben. Es wurde ihnen warm ums Herz. *«Und sie sagten zueinander: Brannte uns nicht das Herz in der Brust, als er unterwegs mit uns redete und uns den Sinn der Schrift erschloss?» (Lk 24,32).*

Jesus selber fand im Zwiegespräch mit dem Vater und im Hören auf Mose und die Propheten, Hilfe für Seine konkrete Situation. Ihm ging in Seinem Menschsein ein ‚Licht' auf. Er entdeckte den göttlichen Sinn für das Leiden, das auf Ihn zukam. Dieser Sinn gab Jesus Kraft, entschieden den kommenden Weg anzunehmen.

Sinn ist entscheidend für unser Leben. Wenn ich um den göttlichen Sinn einer schwierigen Lebenssituation oder Aufgabe weiss, kommt von Gott her Kraft auf mich zu, um diese gut zu meistern. Sinn gibt Kraft.

Nun wollen wir zwei Aspekte über den Sinn des Wortes Gottes näher betrachten. Das Wort Gottes will uns Licht schenken, zuerst auf die Grundfrage unseres Lebens: Wer bin ich? Was bin ich wert?

Die wahre Identität

Im Buch Genesis lesen wir: *«Gott schuf also den Menschen als sein Abbild; als Abbild Gottes schuf er ihn. Als Mann und Frau schuf er sie. ... Gott sah alles an, was er gemacht hatte: Es war sehr gut» (Gen 1,27.31a).* Gottes Wort sagt: Wir kommen aus dem Herzen Gottes. Wir sind gut geschaffen. Wir sind gewollt. Wir sind Kinder der Liebe. Wir sind wertvoll.

Ein jüdischer Lehrer fragte seine Zuhörer: «Welches ist die schlimmste Tat des bösen Triebes?» Alle wurden still. (Was würden Sie für eine Antwort geben?) Und als keiner eine Antwort wusste, gab er sie selbst: «Die schlimmste Tat des bösen Triebes ist, dass der Mensch vergisst, dass er ein Königskind ist.» Die schlimmste Tat ist zu vergessen, wer wir in Wirklichkeit sind. Die Sünde – also das, was uns von Gott, von der Liebe, vom wahren Leben trennt – besteht darin, unseren Wert, unsere Würde, die wir durch Gott haben, nicht zu erkennen und nicht anzunehmen.

Aus der Sicht Gottes sind wir wunderbar, herrlich und schön geschaffen. Das Abbild-Gottes-sein ist unsere wahre und unzerstörbare Identität. Der heilige Pfarrer von Ars soll einmal gesagt haben, dass die Schönheit einer Seele (unser Abbild-Gottes-Sein) alle sichtbaren Schönheiten der Schöpfung unendlich übertrifft.

Wenn ein Mensch diese Schönheit erkennen, annehmen und glauben kann, dann verändert sich etwas in ihm. Er weiss, dass er einen wunderbaren Schatz in sich trägt. Er wird so glücklich, dass er genau das sein darf, was er ist. Doch weil wir von der Sünde verfremdet, beschmutzt, besudelt und verletzt sind, sehen wir oft diese Schönheit nicht mehr.

Da kommt uns Gottes Wort zu Hilfe und zeigt uns unsere unzerstörbare Würde. Denn durch Gottes Wort weiss ein Mensch, dass er wertvoll und schön ist – gleichgültig ob er jung oder alt, ob er sportlich oder gebrechlich ist. Er weiss: Auch wenn der Körper zerfällt, die innere Schönheit bleibt für immer und wird in alle Ewigkeit strahlen. Das baut ihn von innen auf und tut ihm so gut.

Wenn ein Mensch erkennt, dass er ein Königskind ist, ein Kind der Liebe, dann liebt er sich selbst. Er wird Gott gegenüber dankbar für das, was er durch Ihn sein darf. Wenn ein Mensch sich selbst liebt, dann spüren dies die Anderen, denn diese Liebe strahlt aus.

Der Weg der Erlösung

Das Wort Gottes zeigt uns weiter den Weg der Erlösung zu dem wunderbaren Abbild Gottes hin, zu dem wir geschaffen sind. Wir alle erfahren immer wieder Leid, Enttäuschungen, Versagen, Krankheit, Schmerz, … und jeder muss auch einmal seinen eigenen Tod erleiden. Wir erfahren, dass wir gut, geduldig, liebevoll und vieles mehr sein möchten, und doch funktioniert es oft nicht. Wir erfahren, wie Sünde und Böses manchmal an uns kleben. Wir möchten davon frei werden, aber wir schaffen es nicht.

Da gibt uns Gottes Wort Licht von oben. Es zeigt uns, dass es zur Erlösung von uns her einen Schritt der Umkehr, eine Entscheidung braucht. Das erste Wort Jesu im Markus-Evangelium lautet: *«Die Zeit ist erfüllt. Das Reich Gottes ist nahe. Kehrt um, und glaubt an das Evangelium!» (Mk 1,15).* Das besagt: Gott in Seiner Liebe ist da. Er will dir jetzt Seine Liebe schenken. Darum öffne dich Ihm. Kehre dich mit ganzen Herzen Ihm zu und vertraue Seinem Weg. Dann kann Er Erlösung in deinem Leben bewirken. Der heilige Augustinus sagte: «Gott hat uns erschaffen ohne uns zu fragen, aber Er wird uns nicht erlösen ohne unser Zutun.» Es braucht unser Ja, unser Einlassen auf Gott und Seinen Weg.

Dabei ist klar: Niemand kann den Weg für andere gehen. Niemand kann für andere Menschen umkehren. Den Weg der Erlösung muss jede und jeder ganz persönlich gehen. Jede und jeder entscheidet ganz allein über Annahme oder Verweigerung der Gnade der Erlösung. Der eigentliche Sinn unseres Lebens besteht darin, diese Gnade anzunehmen und in der Liebe und Heiligkeit zu wachsen. So geht es letztlich nicht um langes oder kurzes, bequemes oder erfolgreiches Leben hier auf der Erde. Es geht darum unsere göttliche Berufung zu leben.

Dabei sind nicht die Lebensumstände massgebend, auch nicht die Vergangenheit, sondern ganz allein das Jetzt. Denn nur im Jetzt und fürs Jetzt können wir uns dem Licht Gottes und Seinem Heilsweg öffnen. Nur das Jetzt zählt. Es genügt auch, wenn wir fürs Jetzt, für den nächsten Schritt, Licht erhalten. Und fürs Jetzt will uns Gott immer die nötige Kraft geben.

Hinweise zum Ritus

Das Zweite Vatikanische Konzil schreibt: «Gegenwärtig ist Christus in seinem Wort, da er selbst spricht, wenn die heiligen Schriften in der Kirche gelesen werden» (Konstitution über die heilige Liturgie 7). Die Verehrung des Wortes Gottes zeigt sich in der Liturgie unter anderem dadurch, dass der Diakon beim Einzug in die Kirche mit erhobenen Händen das Wort Gottes trägt. Oft stehen auch zwei Ministrant(inn)en beim Vorlesen des Evangeliums mit Kerzen beim Ambo. Bei Festgottesdiensten wird die Gegenwart Jesu im Wort Gottes mit Weihrauch geehrt. In der Ostkirche wird und bei uns oft auch durch den Bischof – mit dem Wort Gottes – in dem Jesus Christus gegenwärtig ist – gesegnet!

Der Wortgottesdienst will uns deutlich machen, dass Jesus uns etwas zu sagen hat, und dass alle Qualität unseres christlichen Lebens und Kirche-Seins davon abhängen, ob wir uns etwas von Ihm sagen lassen. Denn die tiefste Verehrung der Gegenwart Jesu in Seinem Wort besteht darin, dass wir uns auf das einlassen, was Er uns sagt. In dieses «Hören auf Ihn» will uns die Liturgie hinführen.

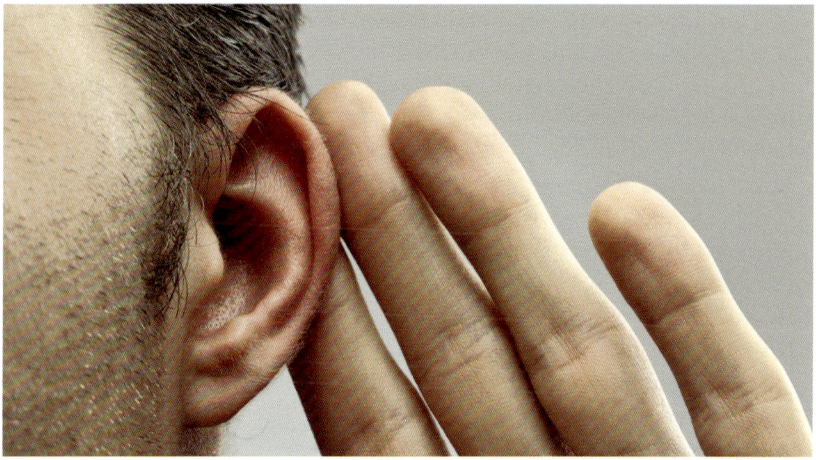

Lesung und Antwortgesang

Am Sonntag nimmt jeweils die erste Lesung aus dem Alten Testament Bezug auf das Evangelium. Die zweite Lesung ist aus dem Neuen Testament, meist aus den Briefen der Apostel. Wo es üblich ist kann am Schluss der Lesung: *Wort des Herrn oder Wort des lebendigen Gottes* hinzugefügt werden. Es kann aber auch nach der Lesung eine kurze Stille folgen, damit das Wort Gottes besser nachwirken kann.

Zur Vertiefung des Inhaltes der Lesung folgt nun meist ein Psalm oder auch ein Lied als Antwortgesang. Aber auch meditative Musik oder Stille können das Gehörte vertiefen.

Halleluja-Ruf und Evangelium

Die beiden Emmausjünger haben Licht für ihren Weg erhalten, als sie Ohren und Herz dem Fremden, dem Auferstandenen, zuwandten. Auch wir können uns dem Auferstandenen bewusst zuwenden, indem wir beim Hallelujaruf und zum Evangelium aufstehen. Voll Freude begrüssen wir Jesus im Halleluja und sind gespannt auf das, was Er uns heute sagen wird.

Der Herr sei mit euch. Damit wird die Gegenwart Jesu Christi in Seinem Wort, im Evangelium, angekündigt. Darauf sagt der Priester (Diakon): *Aus dem heiligen Evangelium nach ...* Die Gemeinde antwortet: *Ehre sei dir, o Herr.* Das «dir» bringt zum Ausdruck, dass jetzt wirklich Jesus, der Herr, spricht.

Der Priester macht das Kreuzzeichen auf das Evangelienbuch und dann zusammen mit den Gläubigen auf die Stirn, die Lippen und das Herz. Dabei kann gebetet werden: «Herr, öffne meinen Verstand, damit ich verstehe, was Du mir sagst. Öffne meine Lippen, damit ich Dein Wort weitersage. Öffne mein Herz, damit Dein Wort in die Tiefe meines Herzens eindringt, damit ich es liebe und es Frucht bringt.»

Am Ende des Evangeliums wird das Evangelienbuch erhoben als Zeichen der Wertschätzung und Verehrung. Dann küsst der Priester (Diakon) das Buch als Zeichen seiner Liebe zu Jesus in Seinem Wort und sagt folgende oder ähnliche Worte: Evangelium unseres Herrn Jesus Christus. Die Gemeinde antwortet: Lob sei dir, Christus. Wiederum wird Christus, der durch Sein Wort zu uns gesprochen hat, direkt angesprochen und Ihm gedankt.

Homilie – Predigt

Durch die Lesungen der Heiligen Schrift will Gott zu uns sprechen. In der Homilie, der Predigt, werden die im Gottesdienst vorgetragenen biblischen Lesungen ausgelegt und aktualisiert. Sie ist an Sonn- und Festtagen ein verbindlicher Bestandteil der Eucharistiefeier. Die Predigt will das, was Gott uns sagen will, verdeutlichen. Gott selbst hat eine Botschaft für uns. Er möchte uns Licht geben, unseren Horizont erweitern. Er möchte uns beleben, erfreuen, inspirieren, motivieren und stärken.

Aktives Mitfeiern der Eucharistie bedeutet auf das Wort zu hören, das der Auferstandene heute sagen will: «Ein Wort wartet auf dich – Hör hin! Du hast vielleicht die Texte der Heiligen Schrift schon tausendmal gehört. ... Und doch wartet ein Wort, ein Satz, eine Silbe oder die Stille zwischen den Sätzen auf dich. Hör nochmals hin! Gott selbst hat dir ein Wort zu sagen ... Hör jetzt! Wenn du vertrauensvoll und gesammelt hörst, wird das Wort, das zu dir unterwegs ist, bei dir ankommen können». (Martin Gutl)

Jesus, der Auferstandene, hat für uns alle ein persönliches «Wort», eine Botschaft. Er möchte, dass uns – Ihnen und mir – immer wieder *ein Licht aufgeht.*

Das Glaubensbekenntnis

Gott hat durch die Lesungen und die Predigt zu uns gesprochen. Nun erwartet Er eine Antwort von uns. Wir können uns auf das Gehörte, auf die Sicht und den Weg Gottes einlassen und darauf eingehen: Jawohl, das will ich tun. Ja, daran will ich mich halten. Wir können aber auch sagen: Nein, das passt mir nicht. Ich will es lieber anders.

In der Liturgie geben wir Antwort mit dem Glaubensbekenntnis. Es ist das Bekenntnis zu den Grosstaten Gottes, das Bekenntnis zum Dreifaltigen Gott und zu Seinem Erlösungsweg durch Jesus Christus im Heiligen Geist. Es beinhaltet die Zusammenfassung unseres Glaubens. Wir nennen das Glaubensbekenntnis nach dem ersten Wort des Apostolischen Glaubensbekenntnisses «Ich glaube» – Credo.

Das Wort Credo heisst wörtlich «ich gebe das Herz». Damit wird zum Ausdruck gebracht, dass es bei unserer Antwort weniger um ein intellektuelles Für-wahr-Halten von Glaubenssätzen, sondern vor allem um ein existenzielles Sich-Anvertrauen geht. Es heisst in etwa: Ich lasse mich mit meinem Herzen, mit meiner ganzen Existenz ein. Ich nehme Deine Sicht und Deinen Weg an. Ich vertraue Dir. Ich entscheide mich, mich von Dir führen zu lassen und Deinen Weg zu gehen. Mit dem Stehen zum Credo drücken wir auch mit dem Körper aus, dass wir mit unserer ganzen Existenz zu diesem Ja stehen.

Die Fürbitten

In den Fürbitten tragen wir die Kirche und die Welt mit all ihren Nöten und Leiden vor Gott hin und bitten, dass sich alle Seinem Heilsweg öffnen mögen. In den Fürbitten sind alle eingeladen, ihren priesterlichen Dienst auszuführen. «Für» heisst stellvertretend und das bedeutet «priesterlich». Durch die Taufe haben wir alle Anteil am Priestertum, das heisst am Mittlerdienst Jesu. Er will durch uns alle wirken.

Eigentlich müsste nicht der Priester (oder die Person, welche den Gottesdienst vorbereitet) die Fürbitten schreiben. Da ist das Mitwirken des Volkes Gottes gefragt. Richtiger wäre eigentlich, dass nach der Einleitung des Priesters die Gläubigen selbst ihre Anliegen, ihre Für-Bitten für die Nöte von Welt und Kirche vor Gott tragen würden.

Mit der Fürbittantwort – z. B.: *Wir bitten dich erhöre uns* – bringen wir zum Ausdruck, dass wir als Gemeinde diese Anliegen mit tragen. Mit dem Stehen drücken wir hier aus, dass wir für unsere Brüder und Schwestern und für alle Menschen vor Gott einstehen.

Liebe Leserin, lieber Leser

Normalerweise dringt das Licht – wie am Morgen beim Sonnenaufgang – langsam in uns ein. In ähnlicher Weise entfaltet sich die Kraft des Wortes Gottes. Deshalb möchte ich Sie wiederum auf das Teilnehmerheft hinweisen, welches die vorliegenden Gedanken vertiefen will.

Die Leseordnung nach dem Konzil

Mitten in einer audiovisuellen Überflutung, wo wir durch die Massenmedien, den Verkehr, ... viel «Lärm» aufnehmen, hat Gott ein Wort für uns. Um Sein Wort zu hören, ist unsere ganze Aufmerksamkeit gefordert. *«Neigt euer Ohr mir zu und kommt zu mir, hört, dann werdet ihr leben» (Jes 55,3a). «Hört»*, denn hier spricht der Schöpfer zu uns, der uns Leben schenken will.

Nahrung vom Tisch des Wortes

Das Zweite Vatikanische Konzil schreibt: «In den heiligen Büchern kommt ja der Vater, der im Himmel ist, Seinen Kindern in Liebe entgegen und nimmt mit ihnen das Gespräch auf. Die Kirche hat die heiligen Schriften immer verehrt wie den Herrenleib selbst, weil sie, vor allem in der heiligen Liturgie, vom Tisch des Wortes Gottes wie des Leibes Christi ohne Unterlass das Brot des Lebens nimmt und den Gläubigen reicht» (Dogmatische Konstitution über die göttliche Offenbarung 21). Gemäss diesem Wort des Konzils könnten wir die Gegenwart Jesu in der Heiligen Schrift wie die Gegenwart Jesu im Altarssakrament verehren und anbeten. Auf jeden Fall will uns das Konzil darauf hinweisen, dass wir von zwei Tischen mit dem Brot des Lebens genährt werden.

Die grosse Bedeutung des Wortes Gottes haben die Konzilsväter dadurch veranschaulicht, dass sie vor jeder Sitzung die Heilige Schrift in Prozessionsform, begleitet von Weihrauch- und Leuchterträgern, zu einem Thron geleiteten und ihr die Ehre des Weihrauchinzenses erwiesen.

Sonn- und Festtage

Es war ein grosses Anliegen des Zweiten Vatikanischen Konzils, die Schatzkammer des Wortes Gottes allen Gläubigen vermehrt zugänglich zu machen. Deshalb führten sie eine neue Leseordnung ein. Für die Sonn- und Festtage gibt es einen dreijährigen Zyklus, der mit «A», «B» und «C» bezeichnet wird. Das Lesejahr C wird in den Jahren genommen, die durch drei geteilt werden können. A und B folgen in der entsprechenden Reihenfolge. Im Lesejahr A wird das Matthäus-, in B das Markus- und in C das Lukas-Evangelium gelesen. Texte aus dem Johannes-Evangelium kommen in allen drei

Jahresreihen in der Österlichen Busszeit und in der Osterzeit vor wie auch an einigen Sonntagen im Lesejahr C.

Neu sind zwei Lesungen vorgesehen. Die erste aus dem Alten Testament ist auf das Evangelium ausgerichtet, während in der zweiten Lesung ein biblisches Buch des Neuen Testaments fortlaufend (mit Auslassungen) gelesen wird. In den geprägten Zeiten (Advent, Weihnachts-, Fasten- und Osterzeit) sind alle Lesungen thematisch geordnet.

Wochentage

In der Leseordnung für die Wochentage wiederholen sich die Evangelien jährlich. Ihre Aufteilung sieht so aus: In den Wochen 1–9 des Jahreskreises wird vorzugsweise das Markus-Evangelium, in den Wochen 10–21 das Evangelium nach Matthäus und in den Wochen 22–34 das Evangelium nach Lukas gelesen. Das Johannes-Evangelium wird verteilt unters ganze Jahr gelesen. Für die Lesungen gibt es zwei Jahreszyklen, wobei die Reihe I in den ungeraden, die Reihe II in den geraden Jahren gelesen wird.

Die neuen Leseordnungen wollen helfen, dass Gott selber vermehrt in unser Leben hineinsprechen, uns Licht, Ermutigung und Führung sein kann. Heute werden infolge des Priestermangels immer mehr Wortgottesfeiern gehalten. Dies kann die Chance beinhalten, dass die katholischen Gläubigen die Gegenwart Jesu Christi im Wort in neuer Weise entdecken und lieben lernen.

4. Wie «Hingabe» zur Befreiung wird – *Gabenbereitung und Hochgebet*

Wandlung geschieht überall dort, wo wir dem lebendigen Gott begegnen und uns Ihm öffnen. Solche Wandlung will in allen vier Teilen der Eucharistiefeier geschehen. Beim dritten Teil der Eucharistiefeier sind Brot und Wein die zentralsten Zeichen. Sie werden zum Zeichen der Hingabe. Und zwar der Hingabe Jesu an den Vater und an uns und zum Zeichen unserer eigenen Hingabe an Jesus. Wie können wir das verstehen?

Hingabe vermehrt Leben

Erste Hinweise gibt uns wiederum die Emmausgeschichte. Während Jesus den beiden Jüngern die Schrift erklärt *«… erreichten sie das Dorf, zu dem sie unterwegs waren. Jesus tat, als wolle er weitergehen, aber sie drängten ihn und sagten: Bleib doch bei uns, denn es wird bald Abend, der Tag hat sich schon geneigt. Da ging er mit hinein, um bei ihnen zu bleiben. Und als er mit ihnen bei Tisch war, nahm er das Brot, sprach den Lobpreis, brach das Brot und gab es ihnen» (Lk 24,28–30).*

Das Haus ist der Ort, wo wir wohnen. Wenn wir jemanden ins Haus aufnehmen, bedeutet dies, mit ihm Gemeinschaft zu haben. So laden die beiden Jünger den Fremden ein: *«Bleib doch bei uns.»* Wir wollen, dass Du zu uns ins Haus kommst. *«Da ging er mit hinein, um bei ihnen zu bleiben.»*

Nun geschieht etwas völlig Überraschendes. Jesus kommt als Gast und nimmt sogleich den Platz des Hausherrn ein: Jesus nimmt das Brot, das die beiden Jünger auftischen, in Seine Hände. Er spricht den Lobpreis, was die Rolle des Gastgebers ist.

Wenn wir also Jesus ins Haus – in unser Leben – einladen, dann will Er die Rolle des Hausherrn übernehmen. Zuerst bedeutet Hausherr: Er will uns beschenken. Er will unser «Lebenshaus» mit Seiner Gegenwart und mit Seiner Liebe füllen. «Hausherr» bedeutet weiter, dass Ihm alles gehört, was unser Leben ausmacht. In Seiner Liebe will Jesus in alle Bereiche unseres Lebens hineinkommen, um Licht und Liebe zu bringen, um zu heilen und zu erlösen.

Im Zentrum jeder Eucharistiefeier steht der Einsetzungsbericht, die sogenannte Wandlung. Dort sagt der Priester jeweils: «Das ist mein Leib, der für euch hingegeben wird.» «Das ist ... mein Blut, das für euch ... vergossen wird.» Es geht um die Aussage «für euch». In jeder Eucharistiefeier nimmt uns Jesus hinein in dieses «für euch» und «für den Vater», in die Pro-Existenz Seines Lebens.

Es geht also um die Wandlung vom selbstgenügsamen, auf sich selbst fixierten Ich – das fragt: Was bringt es mir? – hin zum liebenden Du, das sich verschenkt und fragt: Wie kann ich Dir, Vater und den Menschen dienen? In jeder Eucharistiefeier will uns Jesus in diese Bewegung Seiner Hingabe hineinnehmen. Das geschieht nicht automatisch. Es braucht innere Schritte von uns. Ein solcher Schritt geschieht bei der Gabenbereitung.

Brot und Wein

Brot und Wein sind Gaben der Schöpfung und Frucht der menschlichen Arbeit. In diesen Gaben ist die ganze Schöpfung vertreten. Brot und Wein sind weiter Zeichen für unser Leben. Somit nimmt Jesus im Brot und Wein unser Leben in Seine Hände. Zuerst dankt Er für unser Leben. Wir sind Ihm ein kostbares Geschenk Seines Vaters, das Er mit Seiner ganzen Liebe und Sorge umgibt.

Wenn Er uns in Brot und Wein in Seine Hände nehmen darf, dann lassen wir los. Wir geben all das, was unser Leben angenehm und schön und auch das, was es schwer macht, in Seine Hände. Er darf damit machen, was Er will. Wir vertrauen uns Ihm an und liefern uns Ihm aus.

Loslassen, in Seine Hände legen, ist ein Opfer. So opfern wir unsere Pläne, unsere Ideen, unsere Bewertungstabellen über andere Menschen, unsere Vorstellungen, unsere Sorgen, unsere Ängste, unsere Vorwürfe, unser Misstrauen, unsere argwöhnischen Gedanken, unsere Wünsche usw. Der Altar ist der Ort des Opfers, wo etwas zum Tod kommt. Früher war es das Leben der Opfertiere. Heute soll unser Selber-bestimmen-Wollen sterben.

Wenn Jesus in den Gaben von Brot und Wein unser Leben in Seine Hände nimmt, dann möchte Er unser Leben wandeln. Darauf weist auch die Entstehung von Brot und Wein hin. Brot entsteht dadurch, dass einzelne Körner gemahlen werden. Sie geben ihre ursprüngliche Form auf. Sie werden zu Mehl und lassen sich in ein neues Miteinander einfügen. Es entsteht eine neue Einheit. Nicht

Was ich Jesus gebe, kann Er wandeln.

mehr das einzelne Weizenkorn ist wichtig, sondern das neue grössere Miteinander: das Brot. Wein entsteht dadurch, dass die Traubenbeeren sich zerquetschen lassen und sich in ein Grösseres hineingeben.

Hingabe an Jesus befreit

Dieses Sich-Hineingeben ins Grössere ist Hingabe. Hingabe hat für uns oft den Beigeschmack von Verzicht. Das ist Hingabe ein Stück weit auch. Wir geben etwas auf, empfangen dafür aber viel mehr. Denn Hingabe an den Heilswillen des Vaters bedeutet, sich ganz der Liebe, den Heilsstrahlen, dem erlösenden und befreienden Wirken Gottes zu öffnen. Hingabe bedeutet wachsen in der Liebe. Je mehr wir mit der Hingabe Jesu eins werden, umso mehr kann Gottes Liebe und Heilskraft in unser Leben kommen, und umso glücklicher werden wir. Hingabe vermehrt Leben.

Dazu eine Geschichte: Ein Bettler ging den Dorfweg entlang und bettelte von Tür zu Tür, als in der Ferne die goldene Kutsche des

Königssohnes erschien. Er dachte: «Das ist die Gelegenheit meines Lebens.» So setzte er sich hin, den Beutel weit geöffnet und wartete auf ein königliches Almosen. Aber wie gross war seine Überraschung! Denn als die Kutsche in der Nähe hielt und der Königssohn ausstieg, hielt dieser ihm die Hand entgegen und fragte: «Was möchtest du mir geben?» Verlegen und zögernd nahm er das kleinste Reiskorn aus dem Sack und reichte es ihm.

Als er am Abend seinen Beutel durchstöberte und ein goldenes Reiskorn fand, das kleinste von allen, da wurde er sehr traurig. Er weinte bitterlich, weil er nicht den Mut gehabt hatte, alles zu geben.

Wir können sagen: Was ich gebe, kann Jesus wandeln. Im Bild vom Haus bedeutet Hingabe, Jesus in unser Lebenshaus einzuladen und Ihm alle Schlüssel unseres Hauses zu geben. Damit erlauben wir Ihm, darin aufzuräumen. Dann wird Er anfangen, uns Schritt um Schritt von all dem zu befreien, was Liebe, Freude, Glück behindert. Er wird uns auf negative Prägungen, auf fixe und enge Vorstellungen, auf Vorwürfe, die wir andern immer noch nachtragen hinweisen und weiteres mehr, womit wir uns belasten und uns schaden. Er wird uns auch zeigen, was unser Beitrag ist, damit Er aufräumen kann.

Er wird uns aber Schätze zeigen, Schönes und Herrliches, um das wir bisher noch gar nicht wussten. Wir werden staunen und uns freuen und sehr dankbar sein über das, was wir in uns drin alles vorfinden.

Ein Gabengebet formuliert diese unsere Hingabe an Jesus so: *Herr, unser Gott, die Gaben, die wir bereitet haben, sind Zeichen unserer Hingabe an dich. Darum bitten wir: Wie Brot und Wein in der Kraft des Geistes geheiligt werden, so heilige auch uns selbst immer mehr nach dem Bilde unseres Herrn Jesus Christus, der mit dir lebt und herrscht in alle Ewigkeit. Amen.* (Gabengebet 6)

Hinweise zum Ritus – das Hochgebet

Nach der Gabenbereitung folgt das grosse Wandlungs- und Dankgebet: Das Hochgebet. Das Hochgebet war von Anfang an das zentralste Element der Eucharistiefeier. Das älteste uns überlieferte Hochgebet findet sich bei dem römischen Priester Hippolyt und ist um das Jahr 215 niedergeschrieben worden. Auf ihn geht das Zweite Hochgebet im Messbuch zurück.

Die Präfation

Das Hochgebet beginnt mit der Präfation. «Prä…» heisst «vor». Vor Gott und der Gemeinde preist der Priester den Vater für Sein umfassendes Erlösungswirken. Das Gebet wird nach dem Ruf: *Der Herr sei mit euch!* eingeleitet mit den Worten: *Erhebet die Herzen.* Das heisst: Seid jetzt ganz auf Ihn ausgerichtet. Klebt nicht mehr an euch, an euren Ideen, Vorstellungen und Gefühlen. Schaut ganz auf Ihn. Dann kommt die Antwort: *Wir haben sie beim Herrn.* Ja – wir wollen jetzt unsere Herzen ganz bei Ihm, beim Herrn, haben. Darauf folgt die Aufforderung: *Lasset uns danken dem Herrn, unserm Gott.* Antwort: *Das ist würdig und recht.* Dies meint: Wenn wir auf Ihn, auf Seine grenzenlose Liebe schauen, dann ist das Danken genau das Richtige.

Nun wird das Handeln Gottes gepriesen. Wir danken für die Schöpfung, wir danken für Menschwerdung, Tod, Auferstehung und Himmelfahrt Jesu. Wir danken für die Sendung des Heiligen Geistes. Wir danken, dass die Erlösung der ganzen Schöpfung bereits begonnen hat. Wir sehen: Alles Leben, mein Leben, das Leben aller Menschen und Geschöpfe ist eingebettet und umfangen von Seinem heilenden und erlösenden Handeln. So darf alles sein, nicht weil es gut ist, sondern weil Er alles gut machen will und wird. Alles ist hineingenommen ins universelle Heilswirken Gottes in Jesus Christus durch den Heiligen Geist. Je nach Festtag wird jeweils ein Aspekt dieses Heilswirkens Gottes in und durch Menschen besonders hervorgehoben und gepriesen.

Dieses Heilshandeln Gottes ist bei einigen Geschöpfen bereits vollendet. Dort im vollendeten Heil ist das Geschöpf voller Glück, voller Freude, voller Jubel über Gott, über das Leben und über alles, was ist. Am Ende dieses grossen Dankgebetes verbinden wir uns mit den Geschöpfen in der Vollendung und mit den Engeln: *Darum preisen wir dich mit allen Engeln und Heiligen und singen vereint mit ihnen das Lob deiner Herrlichkeit:*

Das Sanctus

Und dann stimmen wir ein in den ewigen Jubel, in das Sanctus, in das Siegeslied der Erlösten: *Heilig, heilig, heilig, Gott, Herr aller Mächte und Gewalten. Erfüllt sind Himmel und Erde von deiner Herrlichkeit. Hosanna in der Höhe.* Das ist die ewige Realität in der unsichtbaren Welt. Dieses dreifache Heilig nimmt Bezug auf den

Propheten Jesaja und den Seher Johannes, denen ein Blick in den Himmel, das heisst in den ewigen Jubel über Gott geschenkt wurde *(vgl. Jes 6,1–3; Offb 4,8).* Im Hosannaruf wird der Vater als der Gegenwärtige und Wirkende begrüsst.

Der zweite Teil des Sanctus erinnert an den feierlichen Einzug Jesu in Jerusalem *(vgl. Mt 21,9): Hochgelobt sei, der da kommt im Namen des Herrn. Hosanna in der Höhe.* «Hosanna» wurde schon früh als Jubel- und Anbetungsruf verwendet. Ursprünglich heisst dies: «Bring doch Hilfe». Wie bringt Gott Hilfe? Dadurch, dass Jesus kommt, dass Er alles wandelt, indem Er es in Seine Hingabe an den Vater hineinnimmt. So wie Jesus am Palmsonntag feierlich in Jerusalem eingezogen ist, um dort für uns das Erlösungswerk zu vollbringen, so wird Er jetzt in neuer Weise gegenwärtig und wirksam mitten unter uns.

Die Epiklese – Bitte um den Heiligen Geist

Diese neue Gegenwart Jesu Christi bewirkt der Heilige Geist. Es ist derselbe Heilige Geist, der die Menschwerdung Gottes bewirkt hat. Maria erhielt damals auf die Frage: *«Wie soll das geschehen…?»* die Antwort: *«Der Heilige Geist wird über dich kommen…» (vgl. Lk*

1,34–35). Derselbe Heilige Geist, der bewirkt hat, dass Jesus in den Schoss Marias kam, bewirkt, dass Jesus Christus jetzt gegenwärtig und wirksam wird.

Deshalb streckt der Priester die Hände über die Gaben von Brot und Wein – und damit über die ganze versammelte Gemeinde – aus und betet: *Sende deinen Geist auf diese Gaben herab und heilige sie, damit sie uns werden Leib und Blut deines Sohnes, unseres Herrn Jesus Christus.*

Der Einsetzungsbericht – die Wandlung

Wie beim Letzten Abendmahl handelt jetzt Jesus und zwar im Priester, der Ihm Mund und Hände leiht. Wenn der Priester spricht: *Das ist mein Leib, der für euch ... hingegeben wird. – Das ist der Kelch des neuen und ewigen Bundes, mein Blut, das für euch ... vergossen wird...* dann wandelt Jesus in der Kraft des Heiligen Geistes Brot und Wein in Seinen Leib und Sein Blut.

Wir nennen diese Wandlung «Wesensverwandlung»[5]. Das heisst: Brot und Wein bleiben physikalisch und chemisch Brot und Wein. Folglich schmecken sie auch nach den «Wandlungsworten» so. Dennoch sind sie dem Wesen, der geistlichen Realität nach etwas anderes geworden: Leib und Blut Jesu Christi. Leib meint Person, Blut bedeutet Leben. Mit anderen Worten: Der Auferstandene ist in den konsekrierten (gewandelten) Gaben mit Seinem ganzen Leben und damit mit Seiner ganzen Menschheit und Gottheit real gegenwärtig.

Und wie ist Er gegenwärtig? Die Antwort zeigt sich im Wandlungswort Jesu: *mein Leib – hingegeben für euch ... mein Blut – vergossen für euch...* Das zeigt: Jesus Christus wird gegenwärtig in Seiner Hingabe am Kreuz. Das Drama von Golgota, wo Jesus zum Heil der ganzen Menschheit am Kreuz stirbt, wird in den Gaben von Brot und Wein gegenwärtig und wirksam für uns.

Aus Ehrfurcht vor dieser Liebe Jesu Christi knien wir meist beim Einsetzungsbericht, der sogenannten Wandlung. Die Heiligkeit

5 Transsubstantiation ist das Fachwort für die «Wesensverwandlung». Das Konzil von Trient versuchte im Jahre 1551 das Geheimnis der Eucharistie, die «Transsubstantion», so zu beschreiben: Weil «Christus, unser Erlöser, sagte, das, was er unter der Gestalt des Brotes darbrachte ..., sei wahrhaft sein Leib, deshalb hat in der Kirche stets die Überzeugung geherrscht, und dieses heilige Konzil erklärt es jetzt von neuem: Durch die Konsekration des Brotes und Weines geschieht eine Verwandlung der ganzen Substanz des Brotes in die Substanz des Leibes Christi, und der ganzen Substanz des Weines in die Substanz seines Blutes. Diese Wandlung wurde von der heiligen katholischen Kirche treffend und im eigentlichen Sinne Wesensverwandlung genannt» (DH 1642).

dieses Moments wird oft dadurch zum Ausdruck gebracht, dass die Altardiener beim Emporheben des Leibes und des Blutes Christi mit kleinen Glocken läuten, damit niemand diesen heiligen Augenblick der Hingabe Jesu an uns «verschläft».

Mutter Teresa sagte: «Wenn du das Kreuz betrachtest, verstehst du, wie sehr Jesus dich geliebt hat. Wenn du die heilige Hostie betrachtest, verstehst du, wie sehr Er dich liebt.»

In diese Hingabe Jesu am Kreuz – insbesondere wenn der Priester die konsekrierten Gaben emporhebt – dürfen wir vertrauensvoll unsere Anliegen (Beziehungen, schwierige Situationen, ...) hineinlegen und sie der erlösenden Kraft Jesu anvertrauen.

Ein Priester schreibt: «Manchmal, wenn ich nach der Konsekration (Wandlung) den Kelch emporhebe, verspüre ich das Bedürfnis, eine Weile in dieser Haltung zu verharren. Wenn ich von besonders schweren Situationen des Streites oder der Schuld weiss, dann rufe ich im Geiste die Macht des Blutes Christi auf die Betroffenen herab in der Überzeugung, dass nichts der drohenden Gefahr der Finsternis und des Bösen besser Einhalt zu gebieten vermag.»[6]

---

6 Zitiert nach: Cantalamessa Raniero, Die Eucharistie unsere Heiligung. Adamas Verlag Köln 1998. S. 85.

Die Akklamation

Die nun folgende Akklamation ist ein Bekenntnisruf und hat mit Freude zu tun: *«Geheimnis des Glaubens»* ruft der Priester oder Diakon, und die Gemeinde antwortet: *«Deinen Tod, o Herr, verkünden wir, und deine Auferstehung preisen wir, bis du kommst in Herrlichkeit».*

Jetzt ist Jesus Christus in Seinem ganzen Erlösungsgeschehen gegenwärtig; in Seinem Tod, Seiner Auferstehung und der Vollendung der Erlösung in Seiner Wiederkunft in Herrlichkeit. Das heisst: Derselbe Jesus Christus, der jetzt für unsere Augen verborgen da ist, wird in Herrlichkeit wiederkommen und alles vollenden und gut machen. Das ist das grosse Geheimnis! Darüber jubeln wir! Wir freuen uns darauf, dass Jesus in Herrlichkeit kommen wird und alles gut machen wird.

Alles und alle in die Erlösung hineinlegen

Darum, so geht es weiter im Zweiten Hochgebet, *feiern wir das Gedächtnis des Todes und der Auferstehung deines Sohnes.* Jesus wirkt erlösend und heilend, damit wir mit Ihm Gabe an den Vater werden. Wir bitten dich: *Schenke uns Anteil an Christi Leib und Blut, und lass uns eins werden im Heiligen Geist* (Zweites Hochgebet). Anteil an Christi Leib und Blut heisst, eins werden mit Seiner Hingabe an den Willen des Vaters. Das ist unser «Opfer», das «Opfer» der Kirche.

In den kommenden Bitten geht es darum, uns selbst, die Kirche, alle Menschen, ja sogar die ganze Schöpfung in die Erlösung hinein zu legen. Die Heilssonne Jesu Christi soll alle und alles wärmen, durchdringen und heilen. So kommen nun die Bitten für die Gemeinschaft der Gläubigen und ihre Verantwortlichen, für den Papst, den Bischof der jeweiligen Diözese, für die Priester, die Diakone, für alle, die zu einem Dienst berufen sind (und dazu gehören auch die Laien), dass sie als Kirche Jesu Christi treu ihren Dienst tun.

Dann können Bitten kommen für die Menschen aller sozialen Schichten und Gruppen sowie auch für besondere Anliegen: *Wie du uns hier am Tisch deines Sohnes versammelt hast, in Gemeinschaft mit der seligen Jungfrau und Gottesmutter Maria und allen Heiligen, so sammle die Menschen aller Rassen und Sprachen, aller Schichten und Gruppen zum Gastmahl der ewigen Versöhnung in der neuen Welt deines immerwährenden Friedens* (Votivhochgebet «Versöhnung»). Das heisst, alle Menschen sollen zum Leben finden. Alle sollen eins werden im Reich Gottes.

Erhöre, gütiger Vater, die Gebete der hier versammelten Gemeinde und führe zu dir auch alle deine Söhne und Töchter, die noch fern sind von dir (Drittes Hochgebet). Wir bitten, dass alle Menschen sich diesem Heilshandeln öffnen.

Erbarme dich aller unserer verstorbenen Brüder und Schwestern und aller, die in deiner Gnade aus dieser Welt geschieden sind. Nimm sie auf in deine Herrlichkeit. Und mit ihnen lass auch uns, wie du verheissen hast, zu Tische sitzen in deinem Reich. Dann wirst du alle Tränen trocknen. Wir werden dich, unseren Gott, schauen, wie du bist, dir ähnlich sein auf ewig und dein Lob singen ohne Ende (Drittes Hochgebet). Wir bitten besonders auch für unsere Verstorbenen, damit die Erlösung Jesu Christi sich an ihnen vollende.

Dann verbinden wir uns mit der Gottesmutter Maria und der riesigen, unzählbaren Schar der Erlösten und Heiligen, die uns vorausgegangen sind und uns durch ihr Vorbild und ihre Fürbitte stärken und unterstützen. *Vater, erbarme dich über uns alle, damit uns das ewige Leben zuteil wird in der Gemeinschaft mit der seligen Jungfrau und Gottesmutter Maria, mit deinen Aposteln und mit allen, die bei dir Gnade gefunden haben von Anbeginn der Welt, dass wir dich loben und preisen durch deinen Sohn Jesus Christus.* (Zweites Hochgebet) Mit ihnen richten wir nun den Blick ganz auf die Verherrlichung des Vaters in der Doxologie.

Die Doxologie

Nun wird ein zweites Mal der Leib und das Blut Christi emporgehoben. Beim Einsetzungsbericht wurde damit das uns geschenkte Heil gezeigt. Jetzt am Ende des Hochgebetes hält der Priester wiederum den Leib und das Blut Christi in die Höhe – jetzt aber um durch und mit Jesus Christus den Vater zu verherrlichen.

Denn durch das hingegebene Leben Jesu Christi wird sich das Werk des Vaters vollenden: *Durch ihn* (das heisst durch Jesus Christus) *und mit ihm und in ihm ist dir, Gott, allmächtiger Vater, in der Einheit des Heiligen Geistes alle Herrlichkeit und Ehre jetzt und in Ewigkeit.* In der Doxologie stimmen wir alle in den Lobpreis und die Anbetung des himmlischen Vaters ein, in einen Jubel, ein Glück und eine Freude, die nie mehr enden wird.

Doxologie – die grosse Verherrlichung des Vaters

Die Antwort aller ist das grosse *Amen.* Mit diesem Amen verpflichtet sich die Gemeinde auf das im ganzen Hochgebet Gesagte. Sie gibt gleichsam die Unterschrift und sagt: Ja, ich – wir als Gemeinde – sind eingetreten in die Hingabe Jesu an den Vater. Ja, wir wollen mit Jesus ganz für den Vater leben. Es ist ein frohes Amen, das, wie der Bibelgelehrte Hieronymus sagte, in den Säulenhallen der römischen Basiliken laut wie ein Donner ertönte.

Liebe Leserin, lieber Leser

Wir sind nun beim Herzstück der Eucharistiefeier angekommen. Was wir Jesus geben, das kann Er wandeln. Wo Er uns tiefer mit Seiner Hingabe verbinden kann, da wird Hingabe zur Befreiung und zum Gewinn. Es lohnt sich, hier tiefer ins eigene Leben zu schauen und zu bedenken, wie wir das fruchtbringend leben können. Darum lade ich Sie wiederum zur Vertiefung ein, denn im Teilnehmerheft warten vertiefende Gedanken und Impulse auf Sie.

5. Da gingen ihnen die Augen auf – *Kommunion als Liebesgemeinschaft*

Jemandem zu essen geben ist ein Ausdruck von Liebe. Jemanden zum Essen einladen heisst: «Ich möchte Gemeinschaft mit dir haben. Du bist mir wichtig. Du bist mir wertvoll. Iss und trink, ich habe Freude, wenn es dir schmeckt und gut tut.» Im Essen wollen wir unsere Liebe geben. Und wir sehnen uns im Grunde nicht nur danach, Essen zu geben, sondern uns selbst, unsere Liebe den andern zu schenken, damit diese ihnen gut tut und sie damit aufleben.

Kommunion als Liebesgemeinschaft

Genau das tut Jesus. Er gibt sich selber. Er gibt alles, was Er hat. «Esst und trinkt, das ist Mein Leib, das ist Mein Blut. Das bin Ich für euch.» Jesus gibt sich selber als Speise und als Trank. In Ihm gibt uns Gott alles, was Er hat. *«Er hat seinen eigenen Sohn nicht verschont, sondern ihn für uns alle hingegeben – wie sollte er uns mit ihm nicht alles schenken?» (Röm 8,32).* Das Geheimnis der Eucharistie ist das Geheimnis der sich selbst gebenden Liebe Gottes in Jesus Christus.

Warum tut Gott das? Warum macht Sich Gott so klein, dass Er in Jesus Christus nicht nur Mensch wird, sondern Sich und Seine Liebe in Brot und Wein Materie werden lässt? Es ist das Geheimnis Seiner Sehnsucht. Gott sehnt Sich danach, in Jesus Christus mit uns ganz eins werden zu können. Gott will durch Jesus Christus nicht nur belehren, ermutigen, trösten und stärken, sondern in Jesus Christus in uns leben.

Das Wort, das am besten dieses Geheimnis der Liebe Gottes zum Ausdruck bringt, ist «Kommunion». Gott sehnt sich danach, in Jesus Christus mit uns in einer dauerhaften Liebe verbunden zu sein. Die totale grenzenlose Liebe, mit welcher der Vater Seinen Sohn liebt, soll in uns hineinkommen. Mit der Liebe, mit welcher der Vater alle Menschen und die ganze Schöpfung liebt, will Er in uns sein. Diese Liebe ist der Himmel. Sie ist Glück, Freude, Leben in Fülle.

Der liturgische Ort, wo dies geschehen möchte, ist wiederum der Altar, jetzt aber als Ort des Mahles. Im Wort «Kommunion» sind die beiden Wörter enthalten: «Com» und «unio», was wörtlich heisst: Zusammen oder miteinander eins werden. Hier geht es darum, mit Jesus eins zu werden und damit mit allem, was zu Ihm gehört. Die Optik ist dabei auf Jesus Christus und Sein Wirken gerichtet.

Aus der Emmausgeschichte

Wieder wollen wir uns anhand der Emmausgeschichte in diese Heilswirklichkeit einführen lassen: *«Als Jesus mit ihnen bei Tisch war, nahm er das Brot, sprach den Lobpreis, brach das Brot und gab es ihnen. Da gingen ihnen die Augen auf, und sie erkannten ihn; dann sahen sie ihn nicht mehr. Und sie sagten zueinander: Brannte uns nicht das Herz in der Brust, als er unterwegs mit uns redete und uns den Sinn der Schrift erschloss?» (Lk 24,30–32).*

Bei Tisch nimmt Jesus das Brot, spricht den Lobpreis und gibt den Jüngern Sein Brot. Während die Beiden das Brot essen, das Jesus ihnen gibt, gehen ihnen auf einmal die Augen auf. Sie erkennen Jesus, und im gleichen Augenblick sehen sie Ihn nicht mehr.

So sind die beiden Jünger plötzlich wieder allein. Doch dieses Alleinsein ist anders als zu Beginn. Jetzt ist zwischen ihnen etwas geschehen, ein inneres Band ist geknüpft worden. Jesus ist im Essen des Brotes in sie eingegangen. Er verbindet sie auf neue Weise miteinander. So sehen sie Jesus nicht mehr äusserlich, doch sie tragen Ihn jetzt in sich und diese innere Gegenwart Jesu schafft Gemeinschaft unter ihnen.

Hinweise zum Ritus

Das Ziel der Kommunion besteht darin, die Verbundenheit mit Jesus und untereinander zu vertiefen, ja immer mehr eins zu werden mit Ihm. Dieses Einswerden ist nicht unsere Leistung, sondern Geschenk und Wirken Seiner Gnade. Das braucht unser Mittun, die Bereitschaft und den Wunsch zu einer «Herzenserweiterung» (nicht medizinisch, sondern geistlich). Dazu wollen uns die Riten helfen.

Das Vaterunser

Der Kommunion-Teil beginnt mit dem Vaterunser. Es ist das Tischgebet der Familie des Volkes Gottes.

Wir schauen hin auf den Vater. Bezeichnenderweise kommt in diesem Gebet kein einziges Mal das Wort «Ich» vor. Es geht um den

Vater, um das Preisen Seines Namens, um das Kommen Seines Reiches, um das Tun Seines Willens, was sich konkret darin zeigt, dass wir von Ihm das tägliche Brot empfangen, einander vergeben, uns nicht mehr selbst der Versuchung aussetzen und uns von allem Bösen erlösen lassen. Das Vaterunser ist das Gebet des Mit- und Füreinander.

Der Embolismus (Einfügung)

Der Embolismus (deutsch: Einfügung) greift die letzte Bitte des Vaterunsers auf: *Erlöse uns, Herr, allmächtiger Vater, von allem Bösen und gib Frieden in unseren Tagen. Komm uns zu Hilfe mit deinem Erbarmen und bewahre uns vor Verwirrung und Sünde, damit wir voll Zuversicht das Kommen unseres Erlösers Jesus Christus erwarten.*

Mit dem Kommen unseres Erlösers Jesus Christus ist sowohl Sein Kommen jetzt in der Eucharistie wie auch Sein Kommen in Herrlichkeit gemeint. Dann – bei der Wiederkunft Jesu Christi in Herrlichkeit – vollendet sich die Heilsgeschichte. An diesen aufs glückliche Ende ausgerichteten Schlusssatz, schliesst sich der Ruf an, der die grosse Zuversicht in den endgültigen Sieg Gottes bekundet: *Denn dein ist das Reich und die Kraft und die Herrlichkeit, in Ewigkeit. Amen.*

Der Friedensgruss

Die zentrale Bitte Jesu im Vaterunser – *vergib uns ..., wie auch wir vergeben ...* – wird im Friedensgebet und dem anschliessenden Friedensgruss vertieft. Durch den Priester spricht der Auferstandene allen Seinen Frieden zu.

Die Friedenszusage des Auferstandenen hat ihren Ursprung in dem für die Apostel so bewegten Ostertag. Ihr Erleben ist geprägt vom eigenen Versagen: Sie haben Jesus, als Er gefangen genommen wurde, im Stich gelassen. Einzig Petrus folgte Jesus noch nach und verleugnete Ihn dann doch dreimal. Unter dem Kreuz war nur Johannes, zusammen mit Maria, der Mutter Jesu und anderen Frauen, anwesend. Alle anderen Apostel haben als Freunde versagt. So fühlen sie sich schuldig. In dieser Gefühlssituation befinden sich die Jünger, als Jesus sie mit Seinem Kommen überrascht.

Verblüffenderweise ist Sein erstes Wort nicht ein Wort des Vorwurfes: «Warum habt ihr mich allein gelassen?», sondern *«Friede sei mit euch» (Joh* 20,19). Friede, das heisst, es ist alles gut, ich habe euch vergeben, ich trage euch nichts nach. Die Jünger können dies kaum glauben. Darum *«sagte Jesus noch einmal zu ihnen: Friede sei mit euch» (Joh 20,21a).*

In der Liturgie beten wir: *Der Herr hat zu seinen Aposteln gesagt: Frieden hinterlasse ich euch, meinen Frieden gebe ich euch. Deshalb bitten wir: Herr Jesus Christus, schau nicht auf unsere Sünden, sondern auf den Glauben deiner Kirche und schenke ihr nach deinem Willen Einheit und Frieden. Der Friede des Herrn sei allezeit mit euch.*

Schau nicht auf unsere Sünden – nicht auf die Verhärtungen und die Boshaftigkeit unserer Herzen – *sondern auf den Glauben deiner Kirche* – auf Maria, die grosse Glaubende im Herzen der Kirche, auf die heiligen Frauen und Männer, auf … – und bewirke Du durch Deinen Geist *Einheit und Frieden.*

Normalerweise können wir den Friedensgruss nicht allen in der Kirche geben. Darum geben wir ihn einigen Umstehenden stellvertretend für alle. Den Friedensgruss geben bedeutet den Frieden des Herrn weiterzugeben: Ich wünsche dir den Frieden Jesu. Ich will dir verzeihen. Ich gebe dir die Hand.

Kurt Gartner nennt, in Anlehnung an den grossen Theologen Thomas von Aquin, den Friedensgruss das achte Sakrament, weil in ihm und durch ihn der Auferstandene Frieden bewirkt und Beziehungen heilt. Denn der Herr selbst will durch den Friedensgruss zu uns und zu allen Anwesenden mit Seinem Frieden kommen.

Das Brotbrechen und Lamm Gottes

Der nächste Ritus ist das Brotbrechen. Brotbrechen war die erste Bezeichnung für die Eucharistie, weil sich im Brotbrechen zeichenhaft die Lebenshingabe Jesu ereignet. Wie dieses Brot gebrochen und verteilt wird, so bricht Jesus Sein Leben für uns. Diese Liebe, die sich zerbrechen lässt, bewirkt Gemeinschaft, denn wenn wir alle einen Teil des Brotes Jesu in uns aufnehmen, dann verbindet uns dieses Brot Jesu, wie Paulus sagt: *«Ist das Brot, das wir brechen, nicht Teilhabe am Leib Christi? Ein Brot ist es. Darum sind wir viele ein Leib; denn wir alle haben teil an dem einen Brot» (1 Kor 10,16b-17).*

Das Brechen des Brotes hat früher längere Zeit in Anspruch genommen, weil ein flacher Brotlaib (Brotfladen) in so viele Einzel-

teile gebrochen wurde, wie Gläubige anwesend waren. Damit wurde sichtbar: Wir alle empfangen von dem einen Brot Jesu Christi und werden durch Ihn ein Leib. Dazu wurde so lange das Lamm-Gottes-Gebet wiederholt, wie das Brechen des Brotes dauerte. *Lamm Gottes, du nimmst* auf Dich – und so hinweg – *die Sünde*, Schuld, Not, Krankheit, das Elend *der Welt: Erbarme dich unser.*

Dieses Gebet ist ein grosser Trost, denn oft schaffen wir es nicht, uns ganz für den Frieden zu entscheiden. Wir erleben schmerzhaft unsere Grenzen, unsere Schwäche, unser Unvermögen. Dies alles dürfen wir in diesem Gebet in Sein Erbarmen hineinlegen.

Das Vorbereitungsgebet

Dann zeigt der Priester das gebrochene Brot, den hingegebenen Leib Jesu. Er sagt: *Seht, das Lamm Gottes, das hinwegnimmt, die Sünde der Welt.* Damit zitiert der Priester das erste Wort im Johannes-Evangelium von Johannes dem Täufer, als dieser Jesus auf sich zukommen sah. Dieser gleiche Jesus ist jetzt bei uns.

Wir antworten mit den leicht abgeänderten Worten des heidnischen Hauptmannes, der Jesus um Hilfe für seinen Diener bat (*vgl. Mt 8,5-10*): *Herr, ich bin nicht würdig, dass du eingehst unter mein Dach. Aber sprich nur ein Wort, so wird meine Seele gesund.*

Mit diesem Gebet bekennen wir: Was uns jetzt geschenkt wird, ist völlig unverdient, ein Geschenk, über das wir nur staunen und uns freuen können. Ein Geschenk ist ein Geschenk. Von uns aus haben wir kein Recht und keinen Anspruch auf dieses Geschenk.

Das Gebet ist weiter Ausdruck unseres Vertrauens: «Komm zu mir, sprich das Kranke, das Unheile, das Verhärtete in mir an. Sprich nur ein Wort. Du kannst mich wandeln!»

Der Kommunionempfang

Dann kommt der Kommunionempfang. «Ich gehe zur Kommunion», sagen wir oft. Doch wir essen in der Kommunion nicht etwas, nicht ein Heiliges Brot, sondern nehmen eine Person in uns auf. Ja noch mehr: Im Grunde nehme nicht ich Jesus in mich auf, sondern Jesus nimmt mich in Sich auf und nimmt mich hinein in die Bewegung Seiner Liebe.

Auf das Wort: *Der Leib Christi* antworten wir: *Amen*. Dieses Amen heisst: Ich glaube, dass ich Jesus Christus empfange. Ich will mich fester mit Ihm und damit auch mit Seinem Leib, der Kirche, verbinden. Ich will Ihn mehr und mehr durch mich wirken lassen.

Wenn der Priester zuerst die Kommunion empfängt, bezeugt er damit, dass er die Einladung – sich in den Leib des Auferstandenen hinein wandeln zu lassen und Leib des Auferstandenen zu sein – annimmt und der Gemeinde darin vorangeht. Wir können sagen: Der Kommunionempfang ist auch ein Schritt der eigenen Hingabe an Jesus.

Wir dürfen Jesus empfangen in grosser Ehrfurcht und mit Freude! Es ist die staunende Freude, dass wir unseren Erlöser im Sakrament empfangen dürfen und zur Gemeinschaft mit Ihm, zur Hochzeit des Lammes, geladen sind. Weil die Kommunion ein hochzeitliches Fest ist, gab es in der frühen Kirche auch eine Anweisung, singend und in festlicher Freude zur Kommunion hinzu zu treten.

Menschen, welche die Heilige Kommunion nicht empfangen, können auch zum Kommuniongang nach vorne kommen und sich wie die Kinder von Jesus segnen lassen. An vielen Orten hat sich bewährt, dass sie dazu ihre Hände gekreuzt vor die Brust halten.

Die Danksagung

In der folgenden Gebetsstille darf ich die intime Gemeinschaft mit Jesus geniessen. Dazu ist eine gute Haltung hilfreich. Wir können dazu knien und die Hände vors Gesicht halten, damit wir ganz unabgelenkt bei Ihm sind. Wir können auch sitzen, die Augen schliessen, um ganz bei Ihm zu sein. Denn Er ist jetzt in mir und ich in Ihm. Nun will Er mich in der Tiefe nähren. Dazu kann ich Ihn in mir anbeten, still vor Ihm sein und Ihn an mir wirken lassen.

Nun dürfen wir Jesus alle unerlösten Bereiche, Spannungen, Verhärtungen, Wunden hinhalten, damit Er diese aufbreche, durchdringe, wandle und heile. Je nach Situation kann ich auch beten: «Jesus, lege in mich hinein Deine Kraft, Deinen Mut, Deine Entschiedenheit, Dein Vorangehen, Deine Treue, Deine Leidensfähigkeit, Dein Einstehen für die Wahrheit und Gerechtigkeit, Deine Liebe zu meinem Gegner, Deine Leidenschaft für das Reich Gottes, Deinen Frieden in Scheitern und Erfolglosigkeit, Deine Offenheit für alle Menschen…»

Das Schlussgebet

Das Schlussgebet beendet den Kommunionteil. Es weist meist auf die Verbindung zwischen Kommunionempfang und christlichem Lebensvollzug hin. Es ist eine Bitte, dass diese Feier in uns und durch uns der Welt Heil bringe, bis sich alles vollendet in der ewigen Herrlichkeit im Himmel.

Ein Schlussgebet bringt das wie folgt zum Ausdruck: *«Gütiger Gott, die heilige Speise, die wir empfangen haben, durchdringe uns mit ihrer Kraft. Sie vertiefe unseren Glauben, mache stark unsere Hoffnung und entzünde unsere Herzen zu Werken der Liebe. Lass das göttliche Leben, das Du uns geschenkt hast, sich entfalten und Frucht bringen für das ewige Leben. Darum bitten wir durch Christus, unseren Herrn. Amen»* (Schlussgebet 10)

Liebe Leserin, lieber Leser

Der Weg der Wandlung geht Schritt für Schritt. Schritte wollen vollzogen sein. Es ist gut, den Fragen der Herzensöffnung auf Jesus hin sorgsam nachzugehen. Dabei kann uns noch tiefer das grosse Geschenk des Kommunionsempfanges aufgehen. Daher ermutige ich Sie, wiederum zur Vertiefung zum Teilnehmerheft zu greifen.

Hinweise zum Kommunionempfang

Heute gehen viele gewohnheitsmässig zur Heiligen Kommunion, manchmal nur deswegen, weil es auch die Anderen tun. Das ist ein grosses Problem! Doch – wie sieht unsere Praxis aus? Wissen wir, was wir tun, wenn wir die Kommunion empfangen? Dieses Bewusstsein war von Anfang an ein Thema in der Christenheit.

Würdiger Kommunionempfang

Die früheste schriftliche Überlieferung der Eucharistiefeier im ersten Korintherbrief bringt bereits dieses Thema zur Sprache. Zu dieser Zeit war die Eucharistiefeier mit dem Essen verbunden, beziehungsweise die Eucharistie war das grosse Gemeinschaftsmahl der zur Gemeinde Jesu Gehörenden.

Doch Paulus muss in Korinth sagen: Wenn ihr so miteinander umgeht, dass die Reichen viel und die Armen fast nichts zu essen erhalten, hat das nichts mehr mit dem Herrenmahl zu tun. Denn die Eucharistie ist die Feier des neuen Mit- und Füreinander. Er schreibt dann: *«Jeder soll sich selbst prüfen; erst dann soll er von dem Brot essen und aus dem Kelch trinken. Denn wer davon isst und trinkt, ohne zu bedenken, dass es der Leib des Herrn ist, der zieht sich das Gericht zu, indem er isst und trinkt» (1 Kor 11,28–29).*

«Leib des Herrn» hat eine doppelte Bedeutung. Einerseits bedeutet *«Leib des Herrn»* das eucharistische Brot und andererseits die versammelte Gemeinde, die Sein lebendiger Leib ist. Beide Male geht es um den wahren Leib Christi. Paulus sagt: Wenn wir Jesus in der Eucharistie und in der Gemeinde nicht ehren, dann versündigen wir uns und ziehen uns das Gericht zu. Hier – bei der Eucharistie wie in der Gemeinde – geht es um etwas Heiliges!

Bis ins 8./9. Jahrhundert hinein war es allgemein Sitte, den Gläubigen die Heilige Kommunion auf die Hand zu legen. In den «mystagogischen Katechesen» des Bischofs Cyrill von Jerusalem am Ende des 4. Jahrhunderts lesen wir: «Da die rechte Hand den König in Empfang nehmen soll, so mache die linke Hand zum Thron für Ihn! Nimm den Leib Christi mit hohler Hand entgegen und erwidere: ‚Amen!' Berühre behutsam mit dem heiligen Leib deine Augen, um sie zu heiligen. Dann geniesse Ihn! Doch habe acht, dass dir nichts davon auf den Boden falle. ... Nach der Kommunion des

Leibes Christi gehe auch zum Kelch des Blutes. ... Verbeuge dich, sprich zur Anbetung und Verehrung das ‚Amen' und geniesse, um dich zu heiligen, auch vom Blute Christi.»

Diese Form des Kommunionempfangs veränderte sich gegen das 9. Jahrhundert. Die wachsende heilige Scheu gegenüber der Heiligen Kommunion, die Angst vor einem möglichen Missbrauch wie auch, dass kleine Teilchen der Hostie zu Boden fallen könnten, führten dazu, die Hostie direkt auf die Zunge zu legen.

Bis ins 13. Jahrhundert war auch die Kelchkommunion in der Kirche selbstverständlich. Ihr langsames Verschwinden kann mit der Sorge, etwas vom heiligen Blut Christi zu verschütten wie dem praktischen Grund, dass der Empfang der Kelchkommunion für alle Gläubigen einen grösseren Aufwand mit sich brachte, zu tun haben. Der Hauptgrund besteht jedoch in der Erkenntnis und Lehre der mittelalterlichen Theologie, dass im verwandelten Brot der ganze Christus zugegen sei; und damit «genügt» der Empfang des Leibes Christi. Das führte dann dazu, dass 1621 die Kommunion unter beiden Gestalten für alle abgeschafft wurde.

Das Zweite Vatikanische Konzil hat die Möglichkeit der Kelchkommunion für alle nicht nur ermöglicht, sondern sogar empfohlen. So heisst es in der allgemeinen Einführung ins Messbuch (AEM 240): «Ihre volle Zeichenhaftigkeit gewinnt die Kommunion, wenn sie unter beiden Gestalten gereicht wird. In dieser Form wird das Zeichen des eucharistischen Mahles auf vollkommenere Art zum Ausdruck gebracht. Es wird auch deutlich, dass der neue und ewige Bund im Blut des Herrn geschlossen wurde».

Das Zweite Vatikanische Konzil hat die ursprüngliche Tradition der Kirche wieder aufgenommen. Somit können wir heute die Heilige Kommunion mit der Hand oder mit dem Mund und ebenso auch das Blut Christi in der Kelchkommunion empfangen.[7] Dabei wird Wert darauf gelegt, dass die Heilige Kommunion empfangen wird. Sie soll persönlich in die Hand gelegt oder auf die Zunge gelegt werden als Zeichen der persönlichen Zuwendung Jesu Christi (Spendung statt «Selbstbedienung»). Entscheidend ist dabei die Ehrfurcht. Ein bei der Messfeier anwesender Nichtchrist müsste an Haltung und Gebärde der Kommunizierenden spüren, dass sich hier ein tiefes Geheimnis ereignet.

7 Im Interviewbuch «Licht der Welt» (mit Peter Seewald) äußerte sich Benedikt XVI. auf die Frage, ob er die kniende Mundkommunion für die angemessenste Hal-

Im Anschluss an das Konzil gab es auch Hinweise, wie man die Heilige Kommunion auf die Hand empfangen soll: Man tritt ruhig und gemessen vor, streckt die linke Hand aus und stützt sie mit der rechten Hand, empfängt die Hostie in die Hand hinein, tritt einen Schritt auf die Seite, mit dem ganzen Körper zum Altar gerichtet nimmt man die Hostie aus der Handfläche und führt sie in den Mund, dann schreitet man mit gefalteten Händen weg und geht an den Platz.

In Einheit mit der Kirche

Zur Frage – Wer darf die Heilige Kommunion empfangen? – gab es in der Urkirche diesbezüglich bald Regeln. Justin der Märtyrer (gest. 167 n. Chr.) erwähnt drei Bedingungen für den Kommunionempfang. «Daran darf nur teilnehmen, wer unsere Lehren für wahr hält, das Bad zur Nachlassung der Sünden und zur Wiedergeburt empfangen hat und nach den Weisungen Christi lebt.»

– Überraschenderweise betont er als Erstes die innere Übereinstimmung mit der Lehre der Kirche. Die Eucharistiefeier ist demnach die Feier des gemeinsamen Glaubens. Demzufolge hat die römisch-katholische Kirche neben den bereits erwähnten Kriterien für den richtigen Empfang der Eucharistie immer auch die Verbundenheit mit dem Glauben der Gesamtkirche betont. Zum Kommunionempfang gehört die Liebe zur Kirche wie auch das Bemühen, den Glauben der Kirche zu verstehen und zu teilen.

– Als Zweites betont Justin, dass eine Person getauft sein (das heisst zur Kirche gehören) muss. Die Eucharistie ist das Mahl der Getauften. Allen Getauften und Nichtgetauften gilt die Liebe Christi, denn die Liebe Christi ist grenzenlos und gilt allen Men-

---

tung beim Kommunionempfang halte: «Ich bin nicht grundsätzlich gegen die Handkommunion, habe sie selbst auch gespendet und empfangen. Damit, dass ich die Kommunion jetzt kniend empfangen lasse und in den Mund gebe, wollte ich aber ein Zeichen der Ehrfurcht und ein Ausrufezeichen für die Realpräsenz setzen. Nicht zuletzt deshalb, weil gerade in Massenveranstaltungen, wie wir sie in Sankt Peter und auf dem Petersplatz haben, die Gefahr der Verflachung groß ist. Ich habe von Leuten gehört, die dann die Kommunion in die Brieftasche stecken, sie als irgendein Souvenir mitnehmen.
In diesem Kontext, wo man denkt, es gehört halt einfach dazu, die Kommunion zu empfangen – alle gehen nach vorne, also gehe ich auch, – wollte ich ein klares Zeichen setzen. Es soll deutlich werden: Da ist etwas Besonderes! Hier ist Er da, vor dem man auf die Knie fällt. Achtet darauf! Es ist nicht bloß irgendein sozialer Ritus, an dem wir alle teilnehmen oder auch nicht teilnehmen könnten» (S. 186/187).

schen. Aber die eucharistische Gemeinschaft mit Christus ist den Getauften vorbehalten. Die Eucharistie ist Ausdruck und Höhepunkt der Tischgemeinschaft der Familie Jesu.

– Drittens muss eine Person nach den Weisungen, nach den Geboten Jesu Christi leben. Wir können nicht einerseits Jesus empfangen und andrerseits nicht nach Seinen Geboten, nach Seinem Wort leben. Kommunizieren heisst, mit Jesus und so wie Jesus leben wollen. Deshalb kann, wer in einem bewussten Widerspruch (in einer schweren Sache) zu Jesus und Seiner Weisung lebt (schwere Sünde), nicht die Heilige Kommunion empfangen.

Geistliche Kommunion

Es kann nun verschiedene Gründe geben, weshalb Gläubige die Heilige Kommunion nicht empfangen oder nicht empfangen dürfen. Doch immer können sie Jesus in ihrem Herzen in der geistlich vollzogenen Kommunion empfangen. Solche Menschen empfangen Jesus Christus nicht im Sakrament des Brotes, doch sie verbinden sich mit Ihm im Herzen.

Das heisst sie empfangen Jesus Christus nicht im Sakrament, wohl aber geistlich, in der Realität des Heiligen Geistes. Und sie verbinden sich mit Ihm. Christus ist in Seinem Wirken nicht an die Sakramente gebunden. Er kann das, was wir im Sakrament bekommen, auch ohne das Sakrament schenken und noch viel mehr. Mit Christus im Herzen verbunden zu sein ist wichtiger als vielleicht äusserlich die Kommunion zu empfangen, ohne mit dem Herzen wirklich dabei zu sein.

Diese Möglichkeit, sich im Inneren mit Jesus zu vereinen und Seine Liebe zu empfangen, ist auch eine Möglichkeit für Geschiedene-Wiederverheiratete. Ihnen empfiehlt unter anderen Papst Johannes Paul II. in seiner Eucharistie-Enzyklika die Übung der «geistigen Kommunion», die sich seit Jahrhunderten in der Kirche verbreitet hat und von heiligen Lehrmeistern des geistlichen Lebens empfohlen wird.

6. Von Gottes Liebe bewegt – *Sendung und Segen*

Die Wandlung der eucharistischen Gaben und der Empfang in der Heiligen Kommunion ist nicht das Ende, sondern vielmehr der Anfang: Ziel ist, dass wir mehr und mehr in Christus selbst hinein gewandelt werden. Der heilige Augustinus hat dies so formuliert: «Wenn ihr selbst also Leib Christi und seine Glieder seid, dann liegt auf dem eucharistischen Tisch euer eigenes Geheimnis ... Ihr sollt sein, was ihr seht, und sollt empfangen, was ihr seid.» Und Papst Leo der Grosse: «Wir gehen in das über, was wir empfangen.»

Von Gottes Liebe bewegt

In einer Vision hörte der heilige Augustinus die Worte: «Ich bin das Brot der Starken, iss mich! Doch nicht du wirst mich in dich verwandeln, sondern ich werde dich in mich verwandeln.» Während beim gewöhnlichen Essen der Mensch die Speisen in sich aufnimmt und diese dann in seinem Körper assimiliert werden, nimmt bei der eucharistischen Speise Christus uns in Sich auf, damit wir eins werden mit Ihm und damit Seine Liebe immer mehr durch unser ganzes Sein «ströme». Seine Liebe soll in allen Beziehungen «herrschen». Dadurch werden wir zu einer geschwisterlichen Gemeinschaft, in der und durch die Christus heute Seine Sendung weiterführen kann.

Das zeigt schön ein Bild, dem der uns unbekannte westfälische Künstler den Titel «Ausgiessung des Heiligen Geistes» gab. Von oben her beginnt die Bewegung auf dem Bild: Der Heilige Geist, der als Taube auf dem Bild dargestellt ist, bringt eine Hostie. Das bedeutet: Durch den Heiligen Geist wird Jesus gegenwärtig und zwar, wie die Hostie in der Mitte auf dem Tisch (Altar) zeigt, in Seiner tiefsten Liebeshingabe. Dieser Jesus schenkt sich nun den Menschen ganz. So geht vom hingegebenen Jesus Christus auf dem Altar (Tisch) zu jedem Mund ein Strahl. Jesus schenkt jedem Seine persönliche Liebe.

Der Strahl der Liebe Jesu verbindet die Jüngerschar und Maria miteinander und eint sie. Ja noch mehr: Diese Liebe Christi führt in eine neue Dynamik hinein. So wenden sich nun die Jünger einander zu, um die Liebe Jesu weiterzusagen und weiterzugeben.

So zeigt dieses Bild: Die Kommunion mit Jesus Christus will uns in die Weitergabe der Liebe Jesu führen. So werden wir aus der Kommunion mit Jesus gesandt, den Menschen Jesus und damit die Kraft Seiner Liebe und Hoffnung zu bringen. So schliesst die Eucharistiefeier mit der Sendung.

Die Worte *Gehet hin in Frieden*, mit denen der Priester (oder der Diakon) die Messe beendet, bedeuten nicht, dass jetzt alles fertig ist und wir zum Alltag hinübergehen können. Diese Worte heissen im Lateinischen: «Ite, missa est». Das heisst wörtlich übersetzt: *«Geht, jetzt ist Sendung»*.

Seit dem Oktober 2008 kann auch eine der folgenden Formeln gesprochen werden: *Gehet hinaus und verkündet das Evangelium des Herrn oder Gehet hinaus und verherrlicht den Herrn mit eurem Leben.* Diese neuen Formulierungen bringen zum Ausdruck, dass es jetzt darum geht, die Welt durch uns mit Jesus in Berührung zu bringen, der Welt das Evangelium zu verkünden und bezeugen.

Aus der Emmausgeschichte

Wieder wollen wir uns anhand der Emmausgeschichte in diese Heilswirklichkeit einführen lassen. Mit dem Essen des Brotes, das Jesus den beiden Jüngern gegeben hat, ist zwischen ihnen etwas geschehen. Jesus Christus ist im Essen des Brotes in sie eingegangen. Nun tragen sie Ihn in sich. Zufrieden hätten sie sich sagen können: «Schön, dass es so ist. Das genügt uns.» Doch – Jesus in ihnen «drängt» sie in eine neue Richtung. Wohin?

«Noch in derselben Stunde brachen sie auf und kehrten nach Jerusalem zurück, und sie fanden die Elf und die anderen Jünger versammelt. Diese sagten: Der Herr ist wirklich auferstanden und ist dem Simon erschienen. Da erzählten auch sie, was sie unterwegs erlebt und wie sie ihn erkannt hatten, als er das Brot brach» (Lk 24,33–35.)

Jesus in ihnen drängt sie, Gemeinschaft mit denen zu suchen, von denen sie sich getrennt hatten. Bei Tageslicht sind sie mit verdunkelten Herzen von Jerusalem aufgebrochen. Jetzt, in der Dunkelheit der Nacht, eilen sie mit erleuchteten Herzen zurück nach Jerusalem, zurück in die Welt. Die Welt ist dieselbe geblieben, aber die beiden Jünger haben sich verändert. Sie wissen, dass es Zukunft gibt, Zukunft für die Menschen, Zukunft für die Welt.

Nach Jerusalem zurückzukehren ist nicht ungefährlich, denn dieselben Leute, die Jesus umgebracht haben, könnten auch sie umbringen. Doch sie haben jetzt keine Angst mehr, weil der Auferstandene sie mit einem Leben erfüllt hat, das stärker ist als der Tod. So sind sie fähig, in aller Freiheit Zeugen der Auferstehung Jesu zu sein. Koste es, was es wolle.

Kommunion mit Jesus führt zur Gemeinschaft mit den Menschen. Jesus bringt die Menschen zusammen, die Er möchte. Was sie verbindet, ist nicht Sympathie, sondern die Liebe Jesu. Sein Geist ist das Band der Gemeinschaft. Sein Geist verbindet die Menschen in den Herzen miteinander.

Kommunion mit Jesus will eine neue Dynamik in Gang bringen. *«Die Liebe Christi drängt uns ... » (2 Kor 5,14)* sagt Paulus. Jesu Liebe will uns bewegen, in Bewegung bringen. Jesus in uns, Sein Feuer, Seine Liebe wollen uns sanft drängen. So nimmt uns die Kommunion mit Jesus tiefer in die Sendung Jesu hinein.

Dimensionen unserer Sendung

Vier Aspekte dieser Sendung, die auch in der Emmausgeschichte anklingen, wollen wir kurz betrachten.

1. Zuerst im eigenen Leben und Alltag

Die Emmausjünger haben zuerst in ihrem eigenen Leben Wandlung erfahren und werden damit zu denen gesandt, die sie kennen. Die Sendung führt uns zuerst zu den Menschen, mit denen wir zusammenleben: zu den Angehörigen, zu den Freunden, zu den Kolleginnen und Kollegen am Arbeitsplatz, in die Vereine, zu unseren Hobbys, zur Nachbarschaft, zu den Mitgliedern der eigenen Gemeinde.

Die innere Verwandlung und Stärkung kann ganz unterschiedlich aussehen. Es gibt viele, die aus der Eucharistie Kraft schöpfen, um Verantwortung für Andere zu übernehmen und sich für sie einzusetzen. Manche werden wieder neu inspiriert, auf andere Menschen zuzugehen und sich für Menschen am Rand zu engagieren. Andere schöpfen in der Eucharistie die Liebe, um schwierige Situationen in Partnerschaft und Familie mit Geduld und Zuversicht tragen und ertragen zu können. Andere können Dank der Eucharistie mit eigenen seelischen und körperlichen Leiden besser umgehen. Wieder andere tragen die Lasten ihrer Angehörigen im Gebet vor Jesus und geben ihnen so einen geistigen Rückhalt. So gibt es vielfältige Formen, um aus der Kraft der Liebe Jesu im Alltag zu leben und diese zu bezeugen.

Dabei gilt: Je mehr Jesus uns in Seinen Leib wandeln darf, umso mehr werden die Menschen in uns Seiner Liebe, ja Ihm persönlich begegnen. Jesus wird dann mehr und mehr durch uns ausstrahlen. Der Duft Jesu wird durch uns strömen, wie Paulus sagt: *«Wir sind Christi Wohlgeruch» (2 Kor 2,15a).* Unser Sein strahlt aus. Die Art und Weise, wie wir sind, wie wir unseren Alltag, wie wir unsere Beziehungen leben, ist das erste Evangelium, das den Menschen verkündet wird.

2. In Gemeinschaft dienen

Bewegt von der Liebe Jesu kehren die beiden Jünger zu denen zurück, von denen sie sich zuvor getrennt haben. Die Liebe Jesu führt die Jünger wieder zusammen. An Pfingsten werden sie dann mit dem Heiligen Geist erfüllt, um gemeinsam die Sendung Jesu weiterzuführen.

Auch bei uns will die Liebe Jesu zusammenführen. Jesus will die Einheit unter uns, die Einheit in Seinem Leib, der Kirche fördern. Dafür betete Er bei Seinem Abschied aus der Welt: *«Alle sollen eins sein: Wie du, Vater, in mir bist und ich in dir bin, sollen auch sie in uns sein, damit die Welt glaubt, dass du mich gesandt hast» (Joh 17,21).* Das zeigt: Ob die Welt Jesus Christus heute erkennt, hängt wesentlich von der Einheit ab. Denn Christus kann man nicht mehr sehen. Was die Welt sehen kann, ist der Leib Jesu Christi. Und wenn wir nicht eins sind, dann ist der Spiegel zerbrochen, in dem die Welt Jesus Christus erkennen kann.

Deshalb möchte Jesus versöhnen, Beziehungen heilen, Einheit fördern und uns eins machen. Dabei geht es nicht darum, dass wir einander sympathisch finden, dass wir gleiche oder ähnliche Ansichten haben. Was uns verbindet, ist Jesus in uns, der Heilige Geist. Dieser will uns auch durch Verletzungen und unterschiedliche Meinungen hindurch zu einem neuen Mit- und Füreinander in Seinem Leib verbinden. Lassen wir Sein Wirken zu?

Da kann es gut sein in sich hinein zu hören: Gibt es in uns Dinge wie Unstimmigkeiten, Nachtragen, verletztes Schweigen, Rückzug, das Festhalten an «alten Geschichten», Rechthaberei und ähnliches mehr, welche das Miteinander schwächen und das Wirken des Heiligen Geistes blockieren und behindern?

Das Wirken des Heiligen Geistes in uns und durch uns ist deswegen so wichtig, weil wir heute die Verbündeten Jesu auf der Erde sind. Wir sind das Volk, durch das Er in besonderer Weise in die Geschichte der Welt eingreifen will. Jesus möchte, dass wir «eines Geistes» Seine Sendung weiterführen. Dazu gab Jesus damals den Aposteln und gibt Er uns heute in jeder Heiligen Kommunion Seinen Geist: *«…ihr werdet die Kraft des Heiligen Geistes empfangen, der auf euch herabkommen wird; und ihr werdet meine Zeugen sein … » (Apg 1,8).*

3. Interesse leben

Bei ihrer Ankunft in Jerusalem erleben die Emmausjünger eine grosse Überraschung. Wie sie mit ihrer Neuigkeit aufgeregt bei ihren Freunden eintreffen, da wissen diese es bereits. Noch bevor sie ihnen ihre Geschichte erzählen können, sagen diese zu ihnen: *«Der Herr ist wirklich auferstanden und ist dem Simon erschienen» (Lk 24,34).* Welch eine Überraschung!

Das zeigt: Es gibt verschiedene und vielfältige Begegnungen mit dem Auferstandenen. Sendung heisst darum, offen sein für die Anderen. Zuerst auf ihre Erfahrungen hören. Zuerst sie nach ihrem Leben, nach ihren Gedanken, nach ihren Sehnsüchten, Ängsten und Sorgen fragen. Wenn wir in Kontakt mit anderen treten, gilt es zuerst, Fragen zu stellen wie z.B.: Was bewegt dich? Was sind deine Ideale, deine tiefsten Sehnsüchte? Was gibt dir Hoffnung und Kraft? Wenn die Menschen unser echtes Interesse spüren, dann werden sie auch offener für uns. Dann werden sie sich auch für das interessieren, was uns bewegt und uns auf dem Herzen liegt. Dann können auch wir unsere Erfahrungen bezeugen.

4. Der Kreislauf der Liebe Jesu

Mutter Teresa von Kalkutta sagte: «Wir sehen Christus in zweierlei Gestalt. Wir sehen Ihn auf dem Altar als Hostie und wir sehen Ihn in den Elendsvierteln in den zerbrochenen Körpern der Ausgestossenen. Ich finde einen von Würmern zerfressenen Leib. Ich weiss, wenn ich ihn anfasse, berühre ich den Leib Christi.» Dieser «von Würmern zerfressene Leib Christi» segnet.

So ist Sendung immer ein gegenseitiges Geschehen. Wenn wir zu den Menschen gehen, zu den Enttäuschten, zu den Zweifelnden, zu den Einsamen, zu den Ausgestossenen, zu den Kranken, um ihnen die Botschaft der Hoffnung zu bringen, dann werden auch wir von diesen Menschen beschenkt.

In dieser Haltung werden die Menschen, zu denen wir gesandt werden, nie zu Objekten, nie zu «armen Empfängern», sondern zu Menschen, die uns segnen, die uns gut tun, die für uns ein Geschenk sind. Wenn der Geber empfängt und der Empfänger gibt, dann fliesst der Kreislauf der Liebe Jesu. Beide empfangen und beide geben. Vielleicht erinnern Sie sich an einen Dienst (z.B. Gespräch, Krankenbesuch usw.), und anschliessend waren Sie selbst erfüllt und beschenkt.

Wenn wir in dieser Haltung Menschen begegnen, werden wir dankbar, dienen zu dürfen. Das will Eucharistie bewirken: Dankbar das Brot der Liebe Jesu für andere zu sein, das andere essen, das andere belebt, das anderen gut tut, das anderen dient.

Hinweise zum Ritus

Die Eucharistiefeier endet mit dem Segen und der Entlassung. Segnen ist das Mitteilen und Weitergeben von Kräften, die in Gott ihren Ursprung haben. Gott will, dass das Leben gedeiht. Er will es schützen und bewahren. Er will die zerstörerischen Kräfte vom Leben fernhalten. Im Segen gibt uns Gott die Zusage: Ich gehe mit dir. Ich schütze dich. Ich stärke dich. Ich lasse dich nie allein.

Segen empfangen

Zwei Zeichen gehören zum Ritus des Segnens. Das erste Zeichen ist die Handauflegung oder Handausbreitung. So hat auch Jesus den Kindern und Kranken, die Er segnete, die Hände aufgelegt. Während der Handauflegung oder Handausbreitung wird die Bitte ausgesprochen, dass Gott jetzt segne.

Das zweite Zeichen des Segnens ist das Kreuzzeichen. Es weist darauf hin, dass uns die ganze Fülle des Heiles durch Jesus Christus zuteil wird, weil Er uns mit Seinem Leben, Sterben und Auferstehen erlöst hat. Das Kreuz ist in sich kein Segen. Das Kreuz war ein brutales Todesinstrument, heilbringend ist jedoch die Liebe, in der Jesus bereit war, selbst den Tod am Kreuz auf sich zu nehmen. Wegen dieser Liebe wurde das Kreuz Jesu zur Quelle des Segens. So erinnert das Kreuz immer daran, dass allein die Liebe, die auch bereit zum Opfer ist, Heil und Segen bringend ist.

Die kürzeste Form des Segens im Ritus lautet: *Es segne euch der allmächtige Gott, der Vater und der Sohn und der Heilige Geist.* Mit dem Amen als Antwort und dem Kreuzzeichen nehmen wir den Segen Gottes – vermittelt durch den Priester – bewusst an.

Segnend wirken

Jesus segnet in der Liturgie zuerst durch den Priester; dann aber will Er durch alle Glieder Seines Leibes segnend wirken. Wir alle sind zum Segnen berufen. Segnen ist ein Ausdruck von Liebe. Einen Menschen segnen heisst, Werkzeug der Liebe Gottes für ihn zu sein.

Wie bei Jesus ist auch bei uns die Quelle des Segnens die Liebe im eigenen Herzen. Wenn wir einem Menschen Liebe schenken wollen, dann können wir diese Liebe mit einer Bitte um Gottes Segen auf den anderen Menschen übertragen.

Wir haben eine besondere Segenskompetenz für die Bereiche, die uns anvertraut sind. So z.B.: Eltern für ihre Kinder; Eheleute, Geschwister und Freunde gegenseitig; für die Gruppe, zu der wir gehören; für unseren Arbeitsplatz, für unsere Pfarrgemeinde, ...

Im Buch Jesus Sirach wird auf die Beziehung der Kinder zu ihren Eltern hingewiesen. Dem, der den Vater in Wort und Tat ehrt, wird Segen verheissen. Dem Segen der Eltern wird besondere Kraft zugesagt: *«Der Segen des Vaters festigt die Wurzel, doch der Fluch der Mutter reißt die junge Pflanze aus» (Jes Sir 3,9).* Es könnte auch umgekehrt heissen: «Der Segen der Mutter ...» Hier wird deutlich, dass Segen oder Fluch der Eltern die Kinder aufbauen oder zu Grunde richten können.

Es gibt verschiedene Formen des Segens. In besonderer Weise kann der Segen durch Gebet mit Handauflegung und mit Kreuzzeichen weitergegeben werden. Wir können auch mit unseren Augen segnen. Wenn Eltern ihre Kinder voll Liebe und Vertrauen anschauen, geht eine Kraft von ihnen aus. Wenn wir von jemandem, der uns viel bedeutet, angestrahlt werden, beglückt und stärkt uns dies. So kann ein schweigender Blick der Liebe und des Vertrauens viel Kraft vermitteln.

In einer Gruppe von Ehepaaren sagte eine Frau: «Schaut mein Mann mich an, bin ich um so viel grösser und reicher, als wenn ich mich selbst anschaue. Es ist, als ob alle Fähigkeiten geweckt würden, die in mir schlummern.» Und der Mann fügte hinzu: «Wenn ich den liebevollen Blick meiner Frau auf mir ruhen fühle, spüre ich, dass ich innerlich wachse.»

Eine wichtige Form des Segens sind Worte. Wenn ein Vater zu seinem Kind sagt: «Du kannst das!», «Ja, probier das aus!», dann kommt Energie, Kraft und Vertrauen ins Kind. Oder wenn eine Mutter immer wieder sagt: «Du bist unsere Freude!», «Du bist ein Geschenk für uns!», «Wir lieben dich sehr!», dann gibt dies dem Kind Geborgenheit.

Umgekehrt können negative Worte wie z.B. «Du schaffst das nie!» «Du bist ein Versager!», «Aus dir wird nie etwas Rechtes!», «Dich haben wir gar nicht gewollt!» lange Zeit an einem Kind zehren und ihm Kraft, Freude und Lebensmut rauben. Ähnliche Erfahrungen können auch Erwachsene machen.

Dort, wo wir hingestellt sind, sind wir zum Segnen berufen. Ja selbst dort, – oder besser – in besonderer Weise dort, wo wir Schwierigkeiten, Ablehnung und Bösem begegnen, wie Jesus sagt: *«Segnet die, die euch verfluchen; betet für die, die euch mißhandeln» (Lk 6,28).* Paulus betont: *«Segnet eure Verfolger; segnet sie, verflucht sie nicht!» (Röm 12,14).* Auch Petrus ermutigt: *«Vergeltet nicht Böses mit Bösem noch Kränkung mit Kränkung! Stattdessen segnet; denn ihr seid dazu berufen, Segen zu erlangen» (1 Petr 3,9).* Wenn wir so segnen, dann werden durch die Kraft des Segens die Mächte des Bösen zurückgedrängt. Denn im Segnen wirkt Gottes Liebe und Heilskraft durch uns. Segnen, Gutes sagen und Gutes für unsere Mitmenschen erbitten, insbesondere für die, die uns Böses tun, gibt uns dazu einen grossen geistlichen Schutz.

Die Entlassung

Aus der Eucharistiefeier werden wir mit dem Segen Gottes entlassen. Wir gehen mit der Gewissheit in die Welt hinaus, dass Gottes Liebe und Heilskräfte stärker sind als alles Dunkle, Negative und Zerstörende in der Welt. Denn in der Eucharistie haben wir den Sieg der Liebe Jesu gefeiert. Und Jesus Christus lebt jetzt im Heiligen Geist in uns. Er führt und belebt uns.

Diese Gewissheit inspiriert uns, aktiv unser Leben zu gestalten. Das bedeutet keinen Rückzug von den Problemen, keine Flucht in die Innerlichkeit und keine Einschüchterung, durch welche Mächte auch immer, sondern aktiv handeln, wie Paulus sagt: *«Lass dich nicht vom Bösen besiegen, sondern besiege das Böse durch das Gute» (Röm 12,21).*

Die Kraft der Erlösung, die wir in der Eucharistie gefeiert haben, geht mit uns und wird die ganze Welt verwandeln. Da mithelfen zu dürfen ist ein Geschenk, eine grosse Würde. Im Zweiten eucharistischen Hochgebet wird diese Würde so beschrieben: Wir danken dir, dass du uns berufen hast, vor dir zu stehen und dir zu dienen.

So schliesst auch die Eucharistiefeier mit dem Dank, Ihm dienen zu dürfen: Dank sei Gott dem Herrn. Erfüllt von der Freude des Herrn dürfen wir in die Welt hinausgehen und die Menschen durch uns mit Jesus in Berührung bringen.

Liebe Leserin, lieber Leser

Unsere Berufung ist es, ein Segen zu werden. Gibt es etwas Schöneres und zutiefst Beglückenderes als das? Der Weg dazu geht über viele Wandlungsschritte. So lade ich Sie wiederum – zur Vertiefung dieser Schritte – zur Betrachtung des Teilnehmerheftes ein.

7. Gemeinsam Gottes Zukunft feiern – *Eucharistie mit Agapemahl*

Ein Pfarrer fragte einmal die Gemeinde: «Was ist das Wichtigste am katholischen Glauben?» Sie antworteten: «Die heilige Messe.» Er fragte weiter: «Was ist das Wichtigste bei der heiligen Messe?» Sie antworteten: «Die Wandlung.» Darauf sagte er: «Das Wichtigste beim katholischen Glauben ist also die Wandlung!» Darauf protestierte die Gemeinde: «Nein! Alles soll so bleiben, wie es ist!»

Wandlung erfahren

Doch im christlichen Glauben geht es wesentlich um Wandlung, Erlösung und Neugestaltung. Das zeigt Jesus in Seiner ganzen Verkündigung. Zentrales Anliegen ist Ihm das Kommen des Reiches Gottes. Dieses Reich ist bereits da und ist zugleich kommend. In beglückenden, alle Vorstellungen übertreffenden Dimensionen, kommt es auf uns zu und schenkt uns Zukunft.

Als Jesus beim Letzten Abendmahl den Aposteln den Auftrag zur Feier der Eucharistie gab, sagte Er: *«Ich sage euch, ich werde es (das Paschamahl) nicht mehr essen, bis das Mahl seine Erfüllung findet im Reich Gottes» (Lk 22,16).* Die Eucharistiefeier zielt auf die Erfüllung, auf die Vollendung des Reiches Gottes hin.

Die Hochzeit in Kana

Etwas von dieser Zukunft Gottes – und damit von Seiner Herrlichkeit – offenbarte Jesus in Kana, als Er bei einer Hochzeit Wasser in Wein verwandelte: *«In jener Zeit fand in Kana in Galiläa eine Hochzeit statt, und die Mutter Jesu war dabei. Auch Jesus und seine Jünger waren zur Hochzeit eingeladen. Als der Wein ausging, sagte die Mutter Jesu zu ihm: Sie haben keinen Wein mehr. Jesus erwiderte ihr: Was willst du von mir, Frau? Meine Stunde ist noch nicht gekommen.*

Seine Mutter sagte zu den Dienern: Was er euch sagt, das tut! Es standen dort sechs steinerne Wasserkrüge, wie es der Reinigungsvorschrift der Juden entsprach; jeder fasste ungefähr hundert Liter. Jesus sagte zu den Dienern: Füllt die Krüge mit Wasser! Und sie füllten sie bis zum Rand. Er sagte zu ihnen: Schöpft jetzt, und bringt es dem, der für das Festmahl verantwortlich ist. Sie brachten es ihm. Er kostete das Wasser, das zu Wein geworden war. Er wusste nicht, woher der Wein kam; die Diener aber, die das Wasser geschöpft hatten, wussten es.

Da liess er den Bräutigam rufen und sagte zu ihm: Jeder setzt zuerst den guten Wein vor und erst, wenn die Gäste zu viel getrunken haben, den weniger guten. Du jedoch hast den guten Wein bis jetzt zurückgehalten. So tat Jesus sein erstes Zeichen, in Kana in Galiläa, und offenbarte seine Herrlichkeit, und seine Jünger glaubten an ihn» (Joh 2,1–11).

Diese Offenbarung Seiner Herrlichkeit, Seines Herr-Seins, wollen wir nun genauer betrachten und in Bezug zur Eucharistiefeier setzen. Wir können sagen: Die Wandlung von Wasser in Wein hat drei Dimensionen; eine historisch-vergangene, eine gegenwärtig-geistliche und eine zukünftig-bleibende Dimension.

In der ersten historischen Dimension rettet Jesus das Brautpaar vor einer grossen Blamage. Er schenkt Wein, 600 Liter bester Qualität! Das Fest kann dank Ihm weiter gehen – und wie!

In der zweiten gegenwärtigen geistlichen Dimension zeigt Jesus, wie aus Wasser Wein, das heisst aus einem faden Leben, Leben mit Sinn und Zukunft, Leben mit Freude und Begeisterung werden kann. Solche Wandlung bewirkt vor allem Gott, dennoch ist unser Beitrag unerlässlich.

So bittet Maria Jesus zu handeln und sagt dann zu den Dienern: *«Was er euch sagt, das tut!»* Die Diener vertrauen dem Wort Marias, und als Jesus ihnen sagt: *«Füllt die Krüge mit Wasser!»*, lassen sie sich ganz auf das ein, obwohl sie den Sinn Seiner Anweisung nicht verstehen: *«Und sie füllten sie bis zum Rand»*. Randvoll – ganz erfüllen sie ihre Aufgabe!

Unser Beitrag ist es mit ganzer Hingabe das tun, was Jesus uns sagt. Was wir tun und bringen können, das genügt. Darauf weist bei der Gabenbereitung ein kleines Zeichen hin: In den Wein wird ein wenig Wasser (ein Tröpfchen Wasser) gemischt. Neben der Deutung in der Liturgie, dass wir in unserer menschlichen Natur Anteil an der Gottheit Christi erhalten sollen, können wir auch sagen: Der Wein steht für die Hingabe Jesu. Das Wasser ist unser Teil, das, was wir geben können. Wenn wir uns in Seine Hingabe hineingeben, genügt dies. Auf solche Hingabe hin handelt Jesus und bewirkt Wandlung – in unserem Leben und in der Welt von heute.

Wandlung heute

Diesen unseren Beitrag wollen wir noch eingehender betrachten, denn von ihm hängt es wesentlich ab, ob die Eucharistiefeier heute als «Quelle und Höhepunkt des ganzen christlichen Lebens» (vgl. Dogmatische Konstitution über die Kirche 11) erfahren werden kann. Das Erste und Grundlegende ist der Glaube an die Gegenwart Jesu und an Sein Wirken in der Eucharistie.

Ein Bekannter geht, wenn es ihm eben möglich ist, täglich zur Eucharistiefeier. In der Mitfeier der Eucharistie legt er innerlich jeweils voll Glauben Kranke, ja selbst Verstorbene, schwierige und unheilvolle Situationen sowie vieles mehr auf den Altar und gibt all diese Menschen und Anliegen in das Opfer Jesu hinein. Er bittet Jesus Christus, in der heilenden und erlösenden Kraft Seiner Liebe jetzt an diesen Menschen zu handeln. Zugleich legt er auch sich selbst hinein in das Opfer Jesu Christi, damit sein Leben immer mehr ein *«lebendiges und heiliges Opfer» werde, «das Gott gefällt» (Röm 12,1).* Am Ende des Gottesdienstes dankt er voll Glauben für das, was Jesus Christus getan hat und noch tun wird. Damit, so sagt er, sei seine Hauptaufgabe des Tages erfüllt.

Diese Erfahrung erinnert an die Geschichte, in der vier Männer einen Gelähmten zu Jesus, der in einem Haus war, tragen. Weil sie wegen dem Gedränge vor dem Haus, wo Jesus drin war, nicht zu

Ihm vordringen konnten, deckten sie das Dach ab und liessen dann den Gelähmten vor die Füsse Jesu nieder. *«Als Jesus ihren Glauben sah...» (Mk 2,5)* wurde Er aktiv und heilte den Gelähmten. So wie damals ist Jesus auch heute in der Eucharistie gegenwärtig und wirksam.

Dreizehnmal ist im Liturgiedokument des Zweiten Vatikanischen Konzils von der «participatio actuosa» die Rede, das heisst von der bewussten und tätigen Teilnahme aller Gläubigen am Gottesdienst. Damit ist nicht gemeint, dass möglichst viele eine aktive Aufgabe übernehmen, sondern dass alle mit aktivem Herzen das mitvollziehen, was im Ritus vollzogen wird. Oder anders gesagt: Entscheidend ist nicht, wie die Eucharistiefeier gestaltet ist und wie perfekt alle Einzelheiten des Ritus vollzogen werden, sondern dass die Herzen aller ausnahmslos bei der Hauptperson – beim Herrn – sind.

Mein Wasser (Leben) bringen

Der Gottesdienst ist mit einem Fest zu vergleichen. Wenn wir bei jemandem eingeladen sind, beginnt das Fest auch nicht erst, wenn wir dem Gastgeber die Hand schütteln, sondern schon bei der Vorfreude auf das Fest, wenn wir uns schön kleiden und hübsch machen. Und oft überlegen wir uns, was wir zum Fest mitbringen können, was dem Gastgeber, der Gastgeberin Freude machen könnte.

So beginnt der Gottesdienst mit der Einstimmung unserer Herzen auf den Herrn bereits zuhause. Dieser Einstimmung auf die Begegnung mit dem Herrn will auch das eucharistische Nüchternheitsgebot – eine Stunde vor dem Empfang der Heiligen Kommunion nichts mehr essen und trinken (ausser Wasser) – dienen. Bereits zuhause können wir uns überlegen, was Jesus freut. Weil Eucharistie Danksagung heisst, kann ich mich zuerst fragen: Für was möchte ich Ihm heute danken? In welcher Situation entscheide ich mich neu für den Blick der Dankbarkeit?

Dann: Was beschäftigt mich? Wo habe ich Gutes nicht getan? Was belastet mich? Was an Zwiespältigem, Unreinem, Feigem, Ungeduldigem, Sündhaftem usw., möchte ich Ihm zur Vergebung und Heilung anvertrauen?

Und weiter: Für welche Aufgaben möchte ich um Inspiration, Weisheit, Kraft, Liebe, ... bitten?

Noch etwas ist hier zu beachten: Wir gehen nie alleine zum Gottesdienst. Wir sind eingeladen, kranke Menschen, Familienmitglieder, Freunde, schwierige Beziehungen, Menschen in Not, ... Jesus zu bringen und Seiner heilenden und erlösenden Liebe anzuvertrauen. Deshalb die Frage: Welche Anliegen, Mitmenschen, Nöte der Pfarrgemeinde, der Kirche, der Welt usw. bringe ich mit?

Das sind viele Fragen. Natürlich kann man nicht bei jeder Eucharistiefeier alle Fragen im Kopf haben. Dennoch ist es hilfreich, zu jeder Eucharistiefeier ganz bewusst einige Tropfen eigenes Lebenswasser – um beim Bild der Mischung von Wein und Wasser bei der Gabenbereitung zu bleiben – mitzubringen.

Zur persönlichen Vorbereitung, besonders an Sonntagen und Festen, kann das Lesen der Schriftlesungen und der liturgischen Gebete helfen. Gut ist es, nicht in letzter Minute zu kommen, sondern sich frühzeitig einzufinden. In der Kirche geht es schliesslich darum, sich auf das Du des in vielfältiger Weise gegenwärtigen Jesus Christus einzustimmen.

Das kann geschehen indem ich Jesus Christus im Tabernakel grüsse und anbete. Warum sich dazu nicht kurz hinknien? Und – indem ich Jesus Christus in der Gemeinde, – konkret in den Banknachbarn – grüsse. Ein freundlicher Blick oder ein warmer Händedruck vermitteln schnell das Gefühl von Gemeinschaft.

Christus – der wahre Bräutigam

Nun kommen wir zur dritten Dimension der Wandlung von Wasser in Wein. Bei Hochzeitsfeiern war damals der Bräutigam für den Wein verantwortlich. Wer gibt hier den Wein? Jesus! Folglich ist Er der wahre Bräutigam, der uns den Wein, die Liebe Gottes, schenkt.

Bräutigam weist auf Hochzeit und Ehe hin. Die Bibel beginnt in der Genesis mit der Ehe des ersten Mannes und der ersten Frau und endet in der Offenbarung wieder mit einer «Ehe» – der Ehe von Christus und der Kirche, der Hochzeit des Lammes. Das zeigt: Gottes ewiger Plan besteht darin, sich mit uns zu «vermählen». *«Ich trau dich mir an auf ewig» (Hos 2,21)* spricht Gott beim Propheten Hosea.

Diese bräutliche Liebe Gottes ist im Sohn Gottes, in Jesus Christus, Mensch geworden. Jesus ist der Bräutigam, der die Kirche als Seine Braut liebt und sich mit ihr vermählen will. Jesus selbst hat sich auch als Bräutigam verstanden. Das zeigt sich in der Antwort, die Er den Pharisäern gab, als diese Ihm vorwarfen, dass ihre Jünger und die Jünger des Johannes fasten, doch Seine Jünger nicht: *«Könnt ihr denn die Hochzeitsgäste fasten lassen, solange der Bräutigam bei ihnen ist?» (Lk 5,34).*

Auch Johannes der Täufer verstand Jesus als Bräutigam: *«Wer die Braut hat, ist der Bräutigam; der Freund des Bräutigams aber, der dabeisteht und ihn hört, freut sich über die Stimme des Bräutigams. Diese Freude ist nun für mich Wirklichkeit geworden» (Joh 3,29).*

Auch Paulus hat die Gemeinde als Braut Christi verstanden, die er Christus dem Bräutigam zuführen will: *«Ich habe euch einem einzigen Mann verlobt, um euch als reine Jungfrau zu Christus zu führen» (2 Kor 11,2).*

Im Epheserbrief bezeugt Paulus Christus als Bräutigam, der sich für Seine Braut, die Kirche, hingegeben hat und alles tut, um sie herrlich und wunderbar zu machen. *«So will er die Kirche herrlich vor sich erscheinen lassen, ohne Flecken, Falten oder andere Fehler; heilig soll sie sein und makellos» (Eph 5,27).* Höhepunkt der Hingabe Jesu an Seine Braut ist und war Sein Kreuzestod. Hier schloss Er den neuen und ewigen Bund in Seinem Blut. Heute will Jesus uns reinigen und heiligen. Er will uns, Seine Braut, überaus herrlich, wunderbar und schön machen für das grosse Fest, für die Hochzeit des Lammes, auf die wir zugehen.

Die Hochzeit des Lammes

Die Offenbarung des Johannes ist ein Buch, das uns vor allem zeigen will, wie die unsichtbare, verborgene, ewig-bleibende Realität aussieht. Sie nimmt gleichsam den Schleier, den Vorhang weg und zeigt uns die bleibende Wirklichkeit, auf die wir zugehen, nämlich die Hochzeit des Lammes: *«Wir wollen uns freuen und jubeln und ihm die Ehre erweisen. Denn gekommen ist die Hochzeit des Lammes, und seine Frau hat sich bereit gemacht» (Offb 19,7).*

Wir werden als Braut Jesu hinein genommen in eine ewige Hochzeitsfeier, in ein ewiges berauschendes Fest der Liebe. Dieses ewige Hochzeitsfest wird nie langweilig werden oder gewöhnlich sein. Es sprüht von Leben, ist voll von neuen, strahlenden Überraschungen. Denn wir sind durch Jesus Christus hinein genommen in die ewige Liebesekstase der Dreifaltigkeit, in ein sich steigerndes Fest ohne Ende.

In der Offenbarung wird dem Seher Johannes ein Blick in den Himmel geschenkt. In diesem Bild wird die Schönheit der Braut, welche die Kirche ist, beschrieben. Ein Bild voller Glanz und Herrlichkeit, voll von Licht und kostbarsten, herrlich funkelnden Edelsteinen. Ein Engel sagte zum Seher: *«Komm, ich will dir die Braut zeigen, die Frau des Lammes. Da entrückte er mich in der Verzückung auf einen großen, hohen Berg und zeigte mir die heilige Stadt Jerusalem, wie sie von Gott her aus dem Himmel herabkam, erfüllt von der Herrlichkeit Gottes. …» (Offb 21,9c-11).*

Auf dem Bild von Sieger Köder sehen wir den Seher Johannes, der, im Dunkel der Erde sitzend, hineingenommen ist in die Herrlichkeit des Himmels. In der Mitte des Bildes sehen wir Jesus, der die Kirche, Seine Braut, liebevoll umarmt. Sie trägt das Brautkleid als Zeichen der Reinheit und Treue. Die Rosen in ihrer Hand zeigen, dass ihre ganze Liebe Ihrem Bräutigam Jesus gehört.

Bräutigam und Braut sind umgeben von Toren und Mauern. Diese verweisen auf das alttestamentliche Gottesvolk *«der zwölf Stämme der Söhne Israels»* sowie auf das Fundament der Kirche, die zwölf Apostel hin: *«Die Mauer der Stadt hat zwölf Grundsteine; auf ihnen stehen die zwölf Namen der zwölf Apostel des Lammes»*: Die ganze Stadt wird durchstrahlt und erleuchtet von der «Herrlichkeit Gottes». Braut und Bräutigam sind – wie die rote Farbe zeigt – hineingenommen in die ewige Liebe des dreifaltigen Gottes. Ein Fest der Liebe, des Glücks und der Freude ohne Ende.

Das Fest hat begonnen

Jesus, der unsichtbar in der Gemeinschaft der Gläubigen, im Priester, in Seinem Wort und im Brot und Wein gegenwärtig ist, bereitet uns heute als Bräutigam in jeder Eucharistiefeier auf die Hochzeit mit Ihm vor. Dieser Blick kann uns Mut machen, denn vieles kann uns heute zur Resignation verleiten. Wir erleben viel Schmerz, Leid und Dunkles. Auch die Kirche durchlebt eine Art Depression; sie ist müde und vielerorts ohne Ausstrahlung. Viele wenden sich von ihr ab, und die Zahl der mitfeiernden Gläubigen wird vielerorts immer kleiner.

Mitten in diese Situationen feiern wir in der Eucharistie Gottes Zukunft. Wir wissen: durch das Wirken Jesu geht es unaufhaltsam aufwärts, auf Neugestaltung und Vollendung zu. Das ist die Frohbotschaft: Es geht unwiderruflich aufwärts, himmelwärts. Es geht

SK

auf eine Hochzeit zu, die ewige Hochzeit bei Gott. Darauf dürfen wir uns freuen! Wir dürfen wissen, dass all unsere Tränen, aller Schmerz, alle Enttäuschung und Trauer und alle Scham und Beschämung geheilt werden. Wir dürfen glauben, dass derjenige, der auf dem Thron sitzt, durch gewaltige, kosmische Infusionen von Liebe alles neu machen wird.

Heute und in jeder Eucharistiefeier – mag sie noch so schlicht sein – treten wir hinzu zu diesem Hochzeitsfest. Wir sind eingeladen und dürfen bei der Heiligen Kommunion hören: *Selig, die zum Hochzeitsmahl des Lammes geladen sind.* «Selig, glückselig, wer zu diesem Hochzeitsmahl eingeladen ist.» Und wir sind diese Glücklichen!

Liebe Leserin, lieber Leser

Die Eucharistiefeier will uns einen Vorgeschmack der himmlischen Freude vermitteln. Darum endet der Weg mit einer festlichen Eucharistie- und Agapefeier. Wenn Sie nicht an einem Kurs teilnehmen konnten, lade ich Sie ein, in den nächsten Tagen an einer festlichen Eucharistiefeier teilzunehmen. Vielleicht können Sie selbst aus den Dankeskörnern ein Agapebrot backen und ein kleines Fest feiern. Laden Sie doch Andere dazu ein und lassen Sie diese an Ihrer Freude teilhaben. Diese Freude will auch der letzte Teil im Teilnehmerheft vertiefen.

Reflexion: Sonntag und Eucharistie

Wir sind gewohnt, am Sonntag zur Eucharistiefeier zusammenzukommen. Warum? Und: Seit wann ist das für Christen so?

Sonntag – Tag der Auferstehung

Ein Bericht aus der Mitte des zweiten Jahrhunderts gibt uns eine Antwort: «Am sogenannten Sonntag findet eine Zusammenkunft aller, die in Städten oder auf dem Land wohnen, an einem Ort statt.» Mit diesen Worten beschrieb Justinus um ca. 150 n. Chr. das liturgische Leben der christlichen Gemeinden. Er begründete diese Zusammenkünfte zum Gottesdienst am Sonntag sowohl mit dem Beginn der Schöpfung als auch mit der Auferstehung Jesu Christi, dem Beginn der neuen Schöpfung Gottes.

Noch heute nehmen wir jeweils am Sonntag im Zweiten und Dritten Hochgebet darauf Bezug: *Darum kommen wir vor dein Angesicht und feiern in Gemeinschaft mit der ganzen Kirche den ersten Tag der Woche als den Tag, an dem Christus von den Toten auferstanden ist…* Der Glaube an die Auferstehung sowie an die Gegenwart des Auferstandenen, der in der Kraft des Heiligen Geistes in der Gemeinde wirkt, stand von Anfang an für die Christen im Zentrum ihres Glaubens und bestimmte ihre Art zu leben. Die Feier der Auferstehung Jesu, die Feier des Ostertages war von Anfang an das Hauptfest. Schon sehr früh erhielt dann der Sonntag die Bezeichnung *«Tag des Herrn» (Offb 1,10)* und wurde zum Ur-Feiertag. «Tag des Herrn» heisst lateinisch: dies Domini. Noch heute lebt dieser Begriff in vielen romanischen Sprachen als Bezeichnung des Sonntags fort: (französisch: dimanche, italienisch: domenica, spanisch: domingo).

Der Sonntag als offizieller Ruhetag setzte sich allerdings erst durch, nachdem der römische Kaiser Konstantin Christ wurde. In der Folge erklärte er im Jahre 321 n. Chr. den Sonntag zum öffentlichen Ruhetag.

Tag der Freiheit und Freude

Der Sonntag ist uns geschenkt, damit wir aufatmen und die Schönheit des Lebens geniessen können. Wir sollen Zeit und Musse haben für uns selbst, für unsere Beziehungen und vor allem für das, was unser Leben aufbaut und zu einem Fest werden lässt. Gott schenkt uns den Sonntag, damit wir ihn als erfüllte Zeit erleben. Der Sonntag soll uns unser Leben neu als Geschenk erfahren lassen, damit in uns die Freude am Leben wachse. Der Sonntag soll der Tag sein, auf den wir uns freuen.

Heute ist der Sonntag zunehmend in Gefahr, der Arbeit und dem Konsum geopfert zu werden. So im Sinn: Zuerst kommt die Arbeit und dann als Erholung für die Arbeit der Sonntag. Entsprechend gilt der Sonntag in der Regel nicht mehr als der erste, sondern als der letzte Tag der Woche. So ist es heute üblich, vom «Wochenende» zu sprechen, das von Freitagabend bis Sonntagabend dauert. Doch auf diese Weise geht im allgemeinen Bewusstsein ein Wesenselement des Sonntag verloren, nämlich, dass das Leben weit mehr ist als nur Arbeit, Konsum oder Besitz.

Da führt uns das Gebot der Sonntagsheiligung, die von Gott gefügte, wahre Werteskala vor Augen; zuerst kommt Gott und damit das Sein und die Würde des Menschen. Wenn wir den Sonntag aufgeben würden, würden wir Wesentliches von unserem Menschsein und unserer Würde preisgeben. Wir sind zum Ebenbild Gottes geschaffen und nicht zu Sklaven und Knechten von Arbeit und Konsum. Wir sind Kinder Gottes und niemandem untertan. Der Sonntag gehört Gott – uns selbst zum Segen, damit wir zum Segen füreinander werden können.

Um den Sonntag – und somit den Menschen zu schützen – sagt die Kirche: «Ein Christ soll sich hüten, einen andern ohne Not zu etwas zu verpflichten, das ihn daran hindern würde, den Tag des Herrn zu feiern. Auch wenn Veranstaltungen (z.B. sportlicher oder geselliger Art) und gesellschaftliche Notwendigkeiten (wie öffentliche Dienste) von Einzelnen Sonntagsarbeit verlangen, soll sich doch jeder genügend Freizeit nehmen. Trotz aller wirtschaftlichen Zwänge sollen die Behörden für eine der Ruhe und dem Gottesdienst vorbehaltene Zeit ihrer Bürger sorgen. Die Arbeitgeber haben eine entsprechende Verpflichtung gegenüber ihren Angestellten.» (KKK 2187)

Die Erlösung feiern

Von Anfang an gehörte zum Sonntag die Feier der Eucharistie. In der frühen Kirche ging man davon aus, dass jeder, der körperlich dazu in der Lage war, am Sonntag mit anderen zusammen kam, um den Herrn zu ehren und die Gemeinschaft mit anderen Gläubigen zu pflegen. Die katholische Kirche führt diese Praxis weiter und fordert daher ihre Mitglieder auf, am Sonntag den Herrn in Gemeinschaft mit anderen Gläubigen anzubeten und zu ehren. Dazu sagte Papst Benedikt XVI am 4. 9. 2005 bei seiner Ansprache zum «Angelus-Gebet»: «Ich vertraue darauf, dass die Teilnahme an der Eucharistie dank des Einsatzes von Hirten und Gläubigen in jeder Gemeinde immer eifriger und glühender wird. Heute möchte ich vor allem betonen, wie wichtig es ist, freudig den 'Tag des Herrn' zu heiligen, den Sonntag, der für die Christen ein heiliger Tag ist.»

Manchmal wenden Menschen ein, man könne auch zuhause oder im Wald beten. Dazu sagte bereits Johannes Chrysostomus (344-407): «Du kannst daheim nicht beten wie in der Kirche, wo eine grosse Anzahl da ist und wo wie aus einem Herzen zu Gott gerufen wird. Hier ist mehr: Die Einheit der Gesinnungen, der Einklang der Seelen, das Band der Liebe, die Gebete der Priester.»

Die Sonntagskultur leben

Jeder Sonntag ist ein kleines Osterfest und soll entsprechend gefeiert werden. Er will ein Tag der Freude, der Dankbarkeit und der Gemeinschaft mit Christus sein. Im Folgenden einige Ideen, wie wir den Sonntag als Osterfest «feiern» können.

1. Den Blick auf die erlöste Schöpfung lenken: Von Heinrich Spaemann stammen folgende Worte: «Nächst dem Verzicht auf unnötige Arbeit ist die wichtigste sabbatliche Übung der Verzicht auf unnötige Kritik, auf Feststellung von Ungutem oder bei bestimmten Menschen oder in den Zeitverhältnissen. Kritik mag werktags notwendig sein ... Am Sonntag aber sollten wir uns das Nörgeln und Kritisieren gegenseitig verbieten.» Stattdessen sollen wir den Blick auf das Gute, das bereits Erlöste, lenken. Ein Wort des Dankes und Lobes, der Anerkennung und der Bestätigung lassen das ewige Fest der Erlösung und der Freude anklingen.

2. Am Vorabend beginnen: Vielerorts läuten am frühen Abend die Glocken den Sonntag ein. Auch die innere Einstimmung ist angebracht: Vielleicht ein Bad nehmen, Aufräumen, zur Ruhe kommen,...

3. Eine Kerze anzünden: Jeder Sonntag ist ein Osterfest im Kleinen. Dazu können wir eine Kerze in der Wohnung anzünden.

Sie ist Symbol des Auferstandenen, der diese schöne und geplagte Welt zum Ziel und zur Vollendung führen wird.

4. Festliche Kleidung: Der Sonntag braucht besondere Kleidung. Das muss nichts hochfeierliches sein, aber etwas, mit dem wir aussagen: dieser Tag ist anders als die anderen Tage. Er ist ein Fest. Wir nehmen an der «Vorfeier» des ewigen Festes teil.

5. Den Gottesdienst zum Mittelpunkt machen: Den tiefsten Sinn erhält der Sonntag dadurch, dass wir uns mit anderen Gläubigen zur Gedächtnisfeier Jesu versammeln, zum Höhepunkt des ganzen christlichen Lebens. Es ist hilfreich, sich zuhause evtl. durch das Lesen der Schrifttexte vorzubereiten.

6. Zeit haben: Das schönste Geschenk, das man sich am Sonntag machen kann, ist das der Zeit. Diese Zeit kann man füllen mit Gesprächen und Spielen, Musik und Spaziergängen, mit gemeinsamen Interessen und Erlebnissen. Ein siebenjähriges Mädchen wurde vom Vater nach seinem Geburtstagswunsch gefragt. Die Antwort lautete: «Dass du am Sonntag Zeit für uns hast!» Wir können uns auch Zeit zum Lesen, Nachdenken und zum persönlichen Gebet nehmen. Wichtig ist, dass bei all dem kein Druck, keine Hast, sondern Ruhe ist.

Wer den Sonntag als Fest feiert und sich und anderen dabei Freude macht, bekennt damit: Der Gott, an den wir glauben, ist ein Gott der Freude. Nicht die dauernde Last der Arbeit, sondern die Freude eines ewigen Festes hat Er als Ziel unseres Lebens gesetzt. So erinnert uns der Sonntag jede Woche daran, wer wir sind: Töchter und Söhne Gottes, die gerufen sind, selbst zu leben und nicht «gelebt zu werden» und sich über Ihren Gott und Vater zu freuen.

Anhang

Einführung

Im Zusammenhang mit dem Empfang der Hl. Kommunion gibt es zu einigen Fragen im deutschsprachigen Raum grosse Unterschiede. Die Praxis in einigen Pfarrgemeinden und auch der Zeitgeist haben sich in eine Richtung entwickelt, die sich weit vom Verständnis der Theologie und den Vorgaben der katholischen Kirche wegentwickelt haben. So gibt es Pfarrgemeinden, in denen allen Getauften selbstverständlich – unabhängig der persönlichen Disposition und ihres Glaubens – die Hl. Kommunion verteilt wird.[8]

Wer in einer solchen Pfarrgemeinde und damit im dort vermittelten Glauben aufwächst in der Meinung, dass dies die Lehre und Praxis der katholische Kirche sei und dann den Katechismus der katholischen Kirche oder die Lehrmeinung des Papstes kennenlernt, sieht sich konfrontiert mit in sich unvereinbaren Aussagen. Dazu kommt, dass heute vielen Mitgliedern der Kirche das theologische Wissen fehlt, insbesondere auch in Bezug auf die Eucharistie. Folglich kann man auch die Gründe, welche die Kirchenleitung zu den entsprechenden Richtlinien in Bezug auf den Kommunionempfang von Gläubigen anderer Konfessionen (Kirchen) oder Wiederverheirateten Geschiedenen geführt haben, nicht nachvollziehen.

Für Priester und Seelsorgende selbst ist es heute schwierig einen Weg zu finden, um den «glimmenden Docht» – bei den immer Wenigeren, welche die Sakramente überhaupt noch empfangen wollen – nicht auszulöschen und zugleich den Weisungen der eigenen Kirche gerecht zu werden. In diesen Fragen fallen verschiedene Gesichtspunkte aufeinander:

– Eine verkürzte theologische Sicht über die Eucharistie und der Wunsch es menschlich allen recht zu machen.
– Die offizielle Kirche, die weiss, dass ihr – insbesondere in der Eucharistie und in den Sakramenten – ein wunderbarer Schatz an-

[8] «Wir teilen selbstverständlich mit allen Getauften, die sich vom Auferstandenen zum Mahl eingeladen fühlen und daher zur Kommunion kommen, das 'Brot des Lebens' (Joh 6,48).» So heisst es unter Anderem in der Pfarrei-Initiative, die fast 500 Priester, Diakone und Seelsorgende in der Schweiz unterschrieben haben. Mehr dazu vgl. pfarrei-initiative.ch

vertraut ist. Sie fühlt sich verpflichtet, diese Schätze zu bewahren.
- Gläubige, die bewusst nach dem Willen Gottes fragen, den sie in der Stimme des eigenen Gewissens, in den Weisungen der Heiligen Schrift und dem Lehramt der Kirche finden.[9]

Es wäre einfacher, die folgenden zwei heiklen Themen, die – je nach Standpunkt der Lesenden – Widerspruch hervorrufen werden, nicht in dieser Schrift zu erwähnen. Ich tue es dennoch, um all denen zu helfen, welche die Lehre der Kirche besser verstehen wollen und in ihrer Situation auf die Stimme des Herrn hören möchten. Dabei wünsche ich mir, dass in einigen Fragen neue pastorale Wege gefunden werden.

Katholisches Eucharistieverständnis und Ökumene

Hier ist es gut, zuerst einen Blick auf die Geschichte zu werfen. Die Eucharistiefeier ist aus der Paschafeier heraus entstanden. Die Paschafeier in Israel war ein Fest der Familie. So hat auch Jesus mit Seiner «Familie», den Zwölf Aposteln, jenes Paschamahl gefeiert, an dem Er dann die Eucharistie einsetzte. Schon zu Beginn der Urkirche wurde die Eucharistie sozusagen «in der Familie», nämlich in der Hausgemeinschaft, gefeiert.

Kommunion als Gemeinschaft mit der Kirche

Von der Bibel her ist nicht klar, wer in der Zeit, als die Apostel noch lebten, jeweils der Eucharistiefeier vorstand. Zu Beginn des zweiten Jahrhunderts schreibt jedoch Ignatius von Antiochien (gest. 110 n. Chr.), dass nur der Bischof oder ein von ihm ernannter Vertreter die christliche Gemeinde in diesem Sakrament leiten kann: «Folgt alle dem Bischof wie Jesus Christus dem Vater ... Jene Eu-

---

[9] Es gehört zum Wesen der Kirche, dass Gott nicht nur durch Sein Wort (die Bibel) und durch heilige und vorbildliche Menschen, sondern auch durch Seine Propheten und Hirten – und insbesondere durch den obersten Hirten, den Papst – redet. Dazu aus den Dokumenten des Zweiten Vatikanischen Konzils: «Dieser religiöse Gehorsam des Willens und Verstandes ist in besonderer Weise dem authentischen Lehramt des Bischofs von Rom, auch wenn er nicht kraft höchster Lehrautorität spricht, zu leisten; nämlich so, daß sein oberstes Lehramt ehrfürchtig anerkannt und den von ihm vorgetragenen Urteilen aufrichtige Anhänglichkeit gezollt wird, entsprechend der von ihm kundgetanen Auffassung und Absicht» (Dogmatische Konstitution über die Kirche, 25).
Vgl. auch das Wort Jesu an Seine Jünger: *«Wer euch hört, der hört mich, und wer euch ablehnt, der lehnt mich ab, wer mich ablehnt, lehnt den ab, der mich gesandt hat» (Lk 10,16).*

charistiefeier gelte als zuverlässig, die unter dem Bischof oder einem von ihm Beauftragten stattfindet».

In der frühen Kirche waren die Bischöfe die Leiter der offiziellen Gottesdienste der christlichen Gemeinde. Sie ernannten Presbyter (Priester), die sie beim sakramentalen Dienst unterstützten, wenn ihre «Herde» (Diözese) zu gross wurde. Diese alte Praxis führt die katholische Kirche bis heute fort, und daher können auch nur die Bischöfe und die von ihnen ernannten Priester der Eucharistie vorstehen. Dabei folgt die katholische Kirche der Weisung Jesu, der nur den Aposteln den direkten Auftrag gegeben hat: *Tut dies zu meinem Gedächtnis.*

– Interzelebration

Die Bischöfe sind diejenigen, die den Aposteln im Amt der Leitung und im Dienst nachfolgen. Diese Amtsnachfolge (Sukzession) von den Aposteln bis heute – und damit der direkte Bezug zu Christus selbst – ist ein wesentliches Merkmal der katholischen Kirche und ein wichtiges Kriterium für die gültige Feier der Eucharistie. Das heisst: Nur ein Amtsträger, dessen Weihe und Sendung auf Christus zurückverweist (durch Sukzession), kann gültig die Eucharistie feiern.

Die katholische Kirche kann nicht auf der einen Seite überzeugt sein, dass nur der geweihte Priester der Eucharistie gültig vorstehen kann, und zugleich dieses Kriterium bei anderen Kirchen und kirchlichen Gemeinschaften vernachlässigen. Denn es gibt nur die eine, von Christus selbst eingesetzte Eucharistie. Dies ist der Grund, weshalb die Interzelebration, bei der ein katholischer (geweihter) Priester zusammen mit einem nichtkatholischen (nichtgeweihten) Pfarrer gemeinsam die Eucharistie feiert, nicht erlaubt ist.[10]

– Offene Kommunion (Interkommunion)

Jesus feierte das Paschamahl, in welchem Er die Eucharistie einsetzte, nicht mit Fremden, sondern mit Seiner «Familie». Zu dieser

---

10 Papst Johannes Paul II. schreibt in der Enzyklika «Ecclesia de Eucharistia» dazu: «Weil die Einheit der Kirche welche die Eucharistie durch das Opfer und den Empfang des Leibes und Blutes des Herrn verwirklicht unter dem unabdingbaren Anspruch der vollen Gemeinschaft durch die Bande des Glaubensbekenntnisses der Sakramente und des kirchlichen Leitungsamtes steht ist es nicht möglich die eucharistische Liturgie gemeinsam zu feiern bevor diese Bande in ihrer Unversehrtheit nicht wiederhergestellt sind. Eine derartige Konzelebration wäre kein gültiges

sagte Er dann auch: «Tut *dies* zu meinem Gedächtnis.» Daher ist auch die volle Mitfeier der Eucharistie (das heisst mit Kommunionempfang) nicht in das persönliche Belieben gestellt, sondern an die enge «Familien-Zugehörigkeit» geknüpft.

Weil die katholische Kirche das Zeugnis der früheren Kirche ernst nimmt, nach welcher Glaubensgemeinschaft, Kirchengemeinschaft und Eucharistiegemeinschaft nicht voneinander getrennt werden können, sieht sie keine Möglichkeit einer offenen Kommunion (Interkommunion), bei der alle Gläubigen aus den verschiedenen Kirchen gemeinsam die heilige Kommunion empfangen können. Dazu kommt noch, dass die Eucharistie in den einzelnen Kirchen unterschiedlich verstanden und bewertet wird.

Das gegenseitige Verständnis achten

Sowohl Eucharistie- wie auch Kirchenverständnis sind in den verschiedenen Kirchen und Konfessionen sehr unterschiedlich. Aber Kirchenverständnis und Eucharistie gehören in der katholischen Lehre eng zusammen. So sagt Paulus: *«Ein Brot ist es. Darum sind wir viele ein Leib; denn wir alle haben Teil an dem einen Brot» (1 Kor 10,17).*

In diesem Zusammenhang kennt die katholische Kirche ein wichtiges Kriterium: Wie sieht es in der nicht-katholischen Kirche oder Gemeinschaft mit dem Weihesakrament und dem Amtsverständnis aus? Gibt es die Amtssukzession durch gültige Weihe?

– Amtssukzession in den Kirchen

So unterscheidet die katholische Kirche zwischen den Kirchen, die – gerade durch das Weihesakrament bedingt – nach unserem Verständnis gültige Sakramente haben, und dann den Kirchen (kirchlichen Gemeinschaften), bei denen dies nicht der Fall ist. Dabei ist die Frage nach dem Amtsverständnis, der Frage nach dem Weihesakrament ein wichtiges Kriterium.

Von den Ostkirchen glauben wir, dass ihre Sakramente gültig sind.

Mittel sondern könnte sich sogar als ein Hindernis für das Erreichen der vollen Gemeinschaft erweisen. Sie würde den Sinn dafür abschwächen wie weit das Ziel entfernt ist und eine zweideutige Auffassung über die eine oder andere Glaubenswahrheit mit sich bringen und fördern. Der Weg zur vollen Einheit kann nur in der Wahrheit beschritten werden.» (Nr. 44) Für die orthodoxe Kirche ist das gemeinsame Feiern der Eucharistie ein Zeichen für eine existierende Einheit in Theologie und Kirchenverständnis nicht ein Weg um eine solche Einheit zu erreichen. Von daher lehnt sie Interzelebration mit anderen Konfessionen ab.

Zwischen ihnen und uns ist eine Kommuniongemeinschaft grundsätzlich möglich. Es fehlt eigentlich nur die äussere Kirchengemeinschaft. Wenn Katholiken in einem orthodoxen Land sind und weit und breit kein katholischer Gottesdienst ist, können sie dort die Sakramente empfangen, sofern sie von den Orthodoxen zugelassen werden. So sieht unsere römisch-katholische Sichtweise aus. Die Orthodoxen hingegen sehen es anders. Meistens lehnen sie es ab, dass wir bei ihnen die Sakramente empfangen.
Im Bezug zu den Kirchen und Gemeinschaften der Reformation ist aber vieles grundlegend anders, dies u. a. vor allem deswegen, weil dort das Weihesakrament fehlt. Auch ist auf evangelischer Seite das Eucharistieverständnis anders als das unsrige, und teilweise ist es in den einzelnen evangelischen Teil-Kirchen beziehungsweise kirchlichen Gemeinschaften auch nicht einheitlich. Zwar bedeutet das evangelische Abendmahl für evangelische beziehungsweise reformierte Christen ebenfalls Gemeinschaft mit Jesus Christus, aber sie verstehen die Eucharistie nicht in dem Sinn wie wir.

– Liebe als oberstes Kriterium

Was heisst dies nun für die Praxis? Das oberste Kriterium ist immer die Liebe. Nun bedeutet «lieben» aber auch «respektieren». Liebe fängt mit Respekt an. So respektieren wir die Haltung der verschiedenen Kirchen und Gemeinschaften. Aber dieser Respekt setzt die eigene Anschauung nicht ausser Kraft! Wenn wir ehrlich miteinander umgehen wollen, dann müssen wir das ernst nehmen, was die eigene Kirche lehrt und praktiziert.

Für uns Katholiken heisst das beispielsweise: Die Orthodoxen erlauben uns nicht, bei ihnen zur Kommunion zu gehen. Dann respektieren wir das und gehen dort nicht zur Kommunion, obwohl dies, von uns aus gesehen, möglich wäre. Und umgekehrt: Die evangelischen Kirchen erlauben uns, bei ihnen zum Abendmahl zu gehen. Doch unsere Kirche erachtet dies als nicht angebracht, weil die Kirchengemeinschaft fehlt und das Eucharistieverständnis unterschiedlich ist. Auch das gilt es, in Liebe zu respektieren.

Kommunionempfang für Getaufte anderer Kirchen?

Wie ist dies aber umgekehrt: Dürfen getaufte evangelische Gläubige in der katholischen Kirche die Kommunion empfangen? Diese Frage wird besonders dort aktuell, wo Ehepartner verschiedenen

Konfessionen angehören oder eine getaufte, nichtkatholische Person in einer katholischen Pfarrei Heimat gefunden hat.

Die offizielle Antwort der katholischen Kirche ist im Katechismus der katholischen Kirche dargelegt und heisst «Nein», ausser in einer schweren Notlage.[11] Dazu ist bemerkenswert, dass Papst Johannes Paul II. 1995 in der Ökumene-Enzyklika «Ut unum sint» schrieb: Es sei ihm «ein Grund zur Freude, dass die katholischen Priester in bestimmten Einzelfällen die Sakramente der Eucharistie, der Busse und der Krankensalbung anderen Christen spenden können, die zwar noch nicht in voller Gemeinschaft mit der katholischen Kirche stehen, aber sehnlich den Empfang der Sakramente wünschen, von sich aus darum bitten und den Glauben bezeugen, den die katholische Kirche in diesen Sakramenten bekennt ». Dieser Satz aus der Ökumene-Enzyklika war dem Papst offensichtlich so wichtig, dass er ihn 2003 in seiner Eucharistie-Enzyklika «Ecclesia de eucharistia» wörtlich wiederholt hat.

Zu diesem «Glauben ..., den die katholische Kirche in diesen Sakramenten bekennt» gehört bei der Eucharistie auch das «Amen» am Ende des Hochgebetes. Das heisst: ein grundsätzliches Ja zum Papst, zum Bischof, zum Gebet für die Verstorbenen, zu Maria und zu Heiligen.

Der Weg zur vollen Eucharistiegemeinschaft liegt noch vor uns. Aber erste Schritte sind – Gott sei's gedankt – im Einzelfall schon möglich. So eben auch die «Spendung der Eucharistie unter besonderen Umständen und an einzelne Personen, die zu Kirchen oder kirchlichen Gemeinschaften gehören, die nicht in der vollen Gemeinschaft mit der Kirche stehen. In diesem Fall geht es nämlich ... nicht ... um die Praxis einer Interkommunion, die nicht möglich ist ...» (Ecclesia de eucharistia, 45).

---

11 «Wenn nach dem Urteil des Diözesanbischofs eine schwere Notlage dazu drängt, spenden katholische Priester die Sakramente der Buße, der Eucharistie und der Krankensalbung erlaubt auch den übrigen nicht in der vollen Gemeinschaft mit der katholischen Kirche stehenden Christen, die von sich aus darum bitten, sofern sie bezüglich dieser Sakramente den katholischen Glauben bekunden und in rechter Weise disponiert sind» (KKK 1401).
Zur rechten Disposition gehört für katholische Gläubige: Erstens: Der Glaube an die reale Gegenwart Jesus Christi im eucharistischen Brot. Zweitens: Der Stand der Gnade. Das heisst: Er darf sich nicht einer schweren Schuld bewusst sein. Drittens gehört dazu auch die eucharistische Nüchternheit; ein Stunde vor dem Empfang (nicht vor Beginn des Gottesdienstes) der Hl. Kommunion ausser Wasser und Medikamenten nichts zu sich zu nehmen.

Im konkreten Fall ist es Aufgabe des Diözesanbischofs, die «schwere Notlage» zu definieren. Auf jeden Fall ist das Gespräch mit dem Pfarrer oder dem Pfarreiverantwortlichen zu suchen.[12] Insbesondere geht es neben Klärung der Motivation und inneren Disposition auch um eine Einführung in die Haltung, wie die Hl. Kommunion würdig empfangen wird.

Ökumene – wie weiter?

Die genannten Weisungen – gerade die der katholischen Kirche – können als hart und wenig ökumenisch erscheinen. Bedenkenswert ist, in welcher Perspektive Papst Johannes Paul II. diese Fragen sah. Er war der Überzeugung, dass es gerade die Eucharistie sein wird, die uns «auf das Ziel des vollen Teilens mit allen Brüdern und Schwestern hin» beflügelt, «mit denen uns die gemeinsame Taufe verbindet» (Ecclesia de eucharistia).

Ökumenische Eucharistiegemeinschaft wird ersehnt, ist aber im Moment noch nicht möglich. Dazu Kardinal Ratzinger in seinem Buch «Salz der Erde» (S. 248/249): «Man sollte sich vor utopischen Hoffnungen hüten. Wichtig ist, dass wir uns alle immer wieder auf das Wesentliche besinnen ... Ich glaube nicht daran, dass wir sehr schnell zu grossen 'Konfessionsvereinigungen' kommen können. Viel wichtiger ist, dass wir und in grossem inneren Respekt, ja in Liebe gegenseitig annehmen...»

– Treue und ausdauerndes Vertrauen

Auch Johannes Paul II. hielt eine ökumenische Eucharistiegemeinschaft für noch keinen verantwortbaren Weg, da diese den Blick für die leider noch bestehende Entfernung vom ökumenischen Ziel verschleiern könnte. Denn manch einer meint: Wenn das Ziel der gemeinsamen Feier der Eucharistie erreicht sei, könne alles Weitere so bleiben, wie es ist. Doch der eigentliche Skandal besteht nicht nur darin, dass wir noch nicht gemeinsam die Eucharistie feiern können, sondern dass wir als Christenheit nach wie vor gespalten sind.

---

[12] Bischof Gerhard Müller, der jetzige Präfekt der Kongregation für die Glaubenslehre sagte der Tageszeitung «Die Welt» als Ökumenebischof der deutschen Bischofskonferenz: «Wenn zum Beispiel jemand Jahre, vielleicht Jahrzehnte am katholischen Gottesdienst teilnimmt, weil er mit einem katholischen Partner verheiratet ist und unser Eucharistieverständnis akzeptiert und eigentlich Katholik ist, aber sagt, formell mochte ich nicht übertreten, dann sollte man eben die besondere Situation pastoral bewerten.» (Zitiert nach Radio Vatikan 21. 04. 2011)

Papst Benedikt – wie zuvor auch Johannes Paul II. – liegt das Ziel der vollen Einheit der Kirchen sehr am Herzen. So sagte er beim Treffen mit Vertretern verschiedener christlicher Konfessionen anlässlich des Weltjugendtages in Köln (19. 8. 2005:) «Ich weiss sehr wohl, dass viele Christen in diesem Land – und nicht nur in diesem – sich weitere konkrete Schritte der Annäherung erwarten. Auch ich erwarte sie. In der Tat, es ist das Gebot des Herrn, aber auch ein Gebot der gegenwärtigen Stunde, den Dialog auf allen Ebenen des kirchlichen Lebens entschieden weiterzuführen. Das muss natürlich in Wahrhaftigkeit und Realismus geschehen, mit Geduld und Ausdauer in Treue zur Stimme des eigenen Gewissens.»

Und Papst Benedikt setzt auf das Gebet: «Ich bin überzeugt: Wenn sich eine wachsende Anzahl von Menschen dem Gebet des Herrn, ‚dass alle eins seien' (Joh 17,21), anschliesst, dann wird ein solches Gebet in Jesu Namen nicht ins Leere gehen.»

– Schmerz kann verbinden

Grenzen müssen nicht nur trennen, sie können auch verbinden. Gerade der Schmerz darüber, dass wir noch nicht gemeinsam Eucharistie feiern können, verbindet uns tiefer in der Liebe zueinander und zu Jesus Christus. So führt dieser tiefe Schmerz – wenn wir ihn miteinander aushalten und ihn miteinander teilen – schon einen Schritt hin zu tieferer Gemeinsamkeit. Diese schmerzliche Verbundenheit führt zu grösserer Sehnsucht nach Einheit und so werden auch die Bemühungen auf dem Weg zur vollen Kirchen- und Eucharistiegemeinschaft gesegnet sein. Denn was gibt es Grösseres und Schöneres als die Gemeinschaft mit Jesus Christus, unserm Herrn, sowie Gemeinschaft untereinander in der Verbundenheit mit Ihm?

Wiederverheiratete Geschiedene und der Empfang der Sakramente

Vorbemerkung: Wir leben in einer Gesellschaft, die sich rasant verändert. Das gilt auch in Bezug auf die Sexualität. Sexualität ist heute ein Thema, über das offen geredet wird. Ebenfalls hat sich auch die Stellung der Frau verbessert als gleichwertige Partnerin. Zugleich hat sich die Gesellschaft in manchen Punkten von den Wertvorstellungen der Kirche entfernt. Vieles, was heute als normal dargestellt wird, sieht die Kirche im Licht der Schöpfungsordnung und der Heiligen Schrift anders. Das führt dazu, dass ein Grossteil der Menschen heute – auch Mitglieder der Kirche – für die kirchlichen Wertvorstellungen in Bezug auf die Sexualität kein Verständnis hat. Viele kümmern sich deshalb nicht um die Weisungen der Kirche, die sie für völlig veraltet und nicht lebbar halten.

Die folgenden Gedanken wollen nicht über die Normen der Kirche diskutieren. Es gibt gute Gründe für die Kirche, hier nach neuen Wegen zu suchen.[13] Die folgenden Gedanken wenden sich an Personen, die bewusst dem Evangelium folgen und der Stimme Jesu Christi durch den Mund der Kirche und des Lehramtes gehorsam sein wollen und deshalb nach Wegen fragen, wie sie der Sehnsucht ihres Herzens und der Lehre der Kirche gerecht werden können.

---

[13] Kurz vor seinem Tod am 8. August 2012, sagte der frühere Erzbischof von Mailand, Kardinal Carlo Maria Martini in einem Interview: «Die Sakramente sind keine Werkzeuge zur Disziplinierung, sondern eine Hilfe für Menschen an kritischen Punkten, wenn das Leben schwer wird. Bringen wir denjenigen die Sakramente, die neue Kraft benötigen? Ich denke an die geschiedenen Menschen und die wiederverheirateten Paare und ihre Familien. Sie benötigen besondere Unterstützung. … Die Frage, ob Geschiedene die Kommunion empfangen können, muss umgedreht werden. Wie kann die Kirche durch und mit den Sakramenten zur Hilfe für schwierige Familiensituationen werden?»
«Wo eine erste Ehe seit Langem und in einer für beide Seiten irreparablen Weise zerbrochen ist; wo umgekehrt eine zweite Ehe sich über einen längeren Zeitraum hin als sittliche Realität bewährt hat und mit dem Geist des Glaubens, besonders auch in der Erziehung der Kinder, erfüllt worden ist (sodass die Zerstörung dieser zweiten Ehe eine sittliche Grösse zerstören und moralischen Schaden anrichten würde), da sollte auf einem aussergerichtlichen Weg auf das Zeugnis des Pfarrers und von Gemeindemitgliedern hin die Zulassung der in einer solchen zweiten Ehe Lebenden zur Kommunion gewährt werden.» (Zitiert aus: Joseph Ratzinger, Zur Frage der Unauflöslichkeit der Ehe. Bemerkungen zum dogmengeschichtlichen Befund und zu seiner gegenwärtigen Bedeutung, in: H. Heinrich u. V. Eid, Ehe und Ehescheidung. Diskussion unter Christen, Kösel, München 1972, 55–56).

Zur Situation

Wir erleben schmerzhaft, dass es in unserer Zeit zusehends schwieriger wird, heile und gute Beziehungen zu leben. Der Normalfall ist – zumindest in weiten Teilen des Westens – nicht mehr das «normale» Ehepaar, das in einer sakramentalen Ehe lebt. So gibt es in einigen Ländern inzwischen über 50–60% Geschiedene. Dazu kommt der wachsende Trend sich gar nicht mehr auf eine lebenslange, verbindliche Ehe einzulassen.

Auch die Situation innerhalb der Kirche verändert sich. Immer weniger noch Getaufte heiraten kirchlich. Während sich viele gar nicht mehr um ein kirchliches Leben bemühen, gibt es solche, die erst durch das Scheitern ihrer ersten Beziehung und durch eine neue Partnerschaft zum lebendigen Glauben gefunden haben. Nun stellen sie fest: Während wir früher kein Interesse an den Sakramenten hatten, dürfen wir sie jetzt, wo wir sie aus dem Herzen heraus ersehnen, nicht mehr empfangen. Das tut sehr weh und führt zu vielfältigen Fragen.

Gerade solche Menschen möchte ich nun auf einen Weg einladen. Denn das geduldige Durchtragen einer Situation wie die der Wiederverheirateten-Geschiedenen und das wahrhaftige Hören auf Gott kann zu grösserer Reife im Glauben führen. Dabei geht es darum, die eigene Situation ehrlich und wahrhaftig anzuschauen und darin nach der Gnade Gottes zu suchen. Das wollen wir nun in mehreren Schritten tun. Ein erster Schritt besteht darin, sich mit der Lehre des Glaubens und der Botschaft Jesu zu befassen.

Die Botschaft Jesu

Die Botschaft des Neuen Testamentes kennt in der Frage der ehelichen Treue keine Kompromisse. Bereits Johannes der Täufer bekennt sich zur Unauflöslichkeit der Ehe, indem er zu Herodes sagt: *«Du hattest nicht das Recht, sie zur Frau zu nehmen» (Mt 14,4).* Dies war der Grund, weshalb er später ermordet wurde.

Jesus hat in einem Streitgespräch mit den Pharisäern die Unauflöslichkeit der Ehe gefordert: *«Da kamen Pharisäer zu ihm und fragten: Darf ein Mann seine Frau aus der Ehe entlassen? Damit wollten sie ihm eine Falle stellen. Er antwortete ihnen: Was hat euch Mose vorgeschrieben? Sie sagten: Mose hat erlaubt, eine Scheidungsurkunde auszustellen und (die Frau) aus der Ehe zu entlassen. Jesus entgegnete ihnen: Nur weil ihr so hartherzig seid, hat er euch dieses Gebot gegeben. Am Anfang der Schöpfung aber hat Gott sie als Mann und Frau geschaffen. Darum wird der Mann Vater und Mutter verlassen, und die zwei werden ein Fleisch sein. Sie sind also nicht mehr zwei, sondern eins. Was aber Gott verbunden hat, das darf der Mensch nicht trennen» (Mk 10,2–9).*

Bei Matthäus in der Bergpredigt steht eine Ergänzung: *«Ich aber sage euch: Wer seine Frau entlässt, obwohl kein Fall von Unzucht vorliegt, liefert sie dem Ehebruch aus; und wer eine Frau heiratet, die aus der Ehe entlassen worden ist, begeht Ehebruch» (Mt 5,32).*[14] Hier liegt eine Formulierung vor, die darauf hindeuten könnte, dass es eine Ausnahme geben könnte. Doch von Anfang an wusste sich die Kirche an das Wort Jesu gebunden, worauf auch die Regelungen in den Paulusbriefen hinweisen. So schreibt Paulus an die Gemeinde in Korinth: *«Den Verheirateten gebiete nicht ich, sondern der Herr: Die Frau soll sich vom Mann nicht trennen – wenn sie sich aber trennt, so bleibe sie unverheiratet oder versöhne sich wieder mit dem Mann – und der Mann darf die Frau nicht verstoßen» (1 Kor 7,10–11).*

Die Weisungen des Neuen Testamentes sind eindeutig und klar. Jesus will, dass Frau und Mann und ihre Ehe von allen respektiert und geschützt wird. Daraus hat sich dann die Lehre der Unauflöslichkeit einer sakramental geschlossenen Ehe entwickelt. Im Tiefsten entspricht dies der Sehnsucht der Liebenden. Sie sehnen sich danach, dass ihre Beziehung auch auf Dauer gelingt.

Das ist die eine Seite: die eindeutige Lehre. Zugleich lebt Jesus jedoch auch eine grosse Barmherzigkeit. Als man eine Frau zu Ihm führt, die beim Ehebruch ertappt wurde und nach dem Gesetz gesteinigt werden müsste, steht Jesus für die Frau ein und schützt sie: *«Wer von euch ohne Sünde ist, werfe als Erster einen Stein auf sie» (Joh 8,7).* Er gibt dieser Frau nach der Sünde des Ehebruchs eine neue Chance: *«Auch ich verurteile dich nicht. Geh und sündige von jetzt an nicht mehr!» (Joh 8,11).*

Die Spannung im Verhalten Jesu ist offensichtlich: Einerseits lehnt Er die Ehescheidung (und damit die Wiederverheiratung) klar ab,

[14] Dies gilt auch, wenn der katholische Teil zwar ledig ist, der nichtkatholische (z. B. evangelische) Partner aber schon, wenn auch nur zivil verheiratet war, weil die Kirche die zivil geschlossene Ehe von Nichtkatholiken anerkennt. Durch die Heirat lebt auch der katholischer Partner in einer kirchlich nicht anerkannten Ehe.

andererseits lebt Er eine grosse Barmherzigkeit. Für die Kirche heisst dies: Sie hat nicht das Recht und nicht die Möglichkeit, eine klare Weisung Jesu Christi zu ändern oder abzuschwächen, und zugleich ist sie verpflichtet, Barmherzigkeit zu leben. Hier muss die Kirche einen Weg zwischen dem unbedingt notwendigen Schutz für Ehe und Familie einerseits und der ebenso notwendigen Barmherzigkeit mit dem menschlichen Scheitern und Neubeginnen anderseits finden.

Gescheitert – was nun?

Heute scheitern trotz guten Willens auch viele kirchlich geschlossene Ehen. Das hat vielfältige Gründe. Vielleicht gibt es einige, die zu unbedacht geheiratet haben. Doch der Grossteil scheitert wohl an den wachsenden Herausforderungen an Frauen und Männer, an Mütter und Väter in der heutigen säkularen Gesellschaft. Vielen kirchlich getrauten Ehepaaren wurde eine lebendige und stets wachsende Beziehung zum dreieinigen Gott, als Fundament der wahrhaft christlichen Ehe zu wenig erschlossen. Durch einen Mangel an Kenntnis der eigentlichen Quellen der christlichen Ehe bleiben diese für viele Paare in einem verschlossenen Garten.

Ob eine christliche Ehe gelingt oder nicht, hängt sehr stark davon ab, ob und wie weit ein Paar (oder manchmal auch nur ein Partner) es versteht, aus diesen göttlichen Quellen die Kraft zur ehelichen Liebe zu schöpfen. Zu diesen Quellen gehört vor allem die Kraft des Gebetes – als Beziehung und Gemeinschaft mit dem als «Dritten im Bund» andauernd gegenwärtigen Gott. Dazu gehört aber auch die Erfahrung der Kraft, die aus Seinem Wort, Seinen Sakramenten und der gegenseitigen Vergebung fliesst.

Es ist die Erfahrung der Kirche, dass auch christliche Ehen scheitern können und es in bestimmten Situationen besser ist, wenn sich Eheleute trennen. Eine offizielle Scheidung ist zwar nur zivilrechtlich möglich, weil das kirchliche Eheband bestehen bleibt.[15]

---

15 «Es gibt jedoch Situationen, in denen das eheliche Zusammenleben aus sehr verschiedenen Gründen praktisch unmöglich wird. In diesen Fällen gestattet die Kirche, daß sich die Gatten dem Leib nach trennen und nicht länger zusammenwohnen. Die Ehe der getrennten Gatten bleibt aber vor Gott weiterhin aufrecht; sie sind nicht frei, eine neue Ehe zu schließen. In dieser schwierigen Situation wäre, falls dies möglich ist, die Versöhnung die beste Lösung. Die christliche Gemeinde soll diesen Menschen behilflich sein, in ihrem Leben diese Situation christlich zu bewältigen, in Treue zu ihrem Eheband, das unauflöslich bleibt» (KKK 1649).

Eine Ehescheidung ist in der Regel mit vielen Schmerzen, Enttäuschungen, Schuldgefühlen und Unsicherheiten verbunden. Denn sie sind eine Beziehung eingegangen in der Hoffnung, dass sie gelingt. Nun aber ist die Beziehung zerbrochen: Wie soll es nun weiter gehen?

Versöhnung suchen

Für die Betroffenen heisst es jetzt zu fragen: Was will Gott jetzt? Wie sehen Seine Wege aus? In welcher Situation getrennte Partner auch sind, es ist zuerst wichtig, sich mit ihrer eigenen Situation auseinanderzusetzen und sich soweit wie möglich zu versöhnen. Auf diesem Weg sind fünf Punkte zu beachten.

1. Der Blick auf die Kinder: Die Kinder sind die ersten «Armen», die ersten Opfer. Sie fühlen sich oft schuldig, und für sie bringt eine Scheidung Veränderungen auf mehreren Ebenen. Deshalb die Frage: Wie sieht die Situation der Kinder aus? Was haben sie gelitten? Welche Verunsicherungen und Schwierigkeiten (auch in ihren Beziehungen zu Gott) sind entstanden? Haben wir um Vergebung gebeten? Ist die neue Situation (auch eventuell die Kompetenzen des Stiefvaters / der Stiefmutter) für sie befriedigend geklärt?

2. Der Blick auf den früheren Partner/die frühere Partnerin: Für den verlassenen, beziehungsweise getrennt lebenden Partner, kann es schwierig sein, im Alltag mit den Gefühlen und der neuen Lebenssituation, auch praktischer und finanzieller Art fertig zu werden. Wie kann sie/er damit umgehen? Versuche ich entsprechend der eigenen Möglichkeiten ihr/sein Leben zu fördern?

3. Der Blick auf die Schuldfrage: Im Prozess der Scheidung kommt es oft zu Schuldzuweisungen. Aber auch eigene Schuldgefühle, lebensgeschichtliche Prägungen und Verletzungen werden bewusst. Auch wenn man nicht einfach sagen kann, wer an der Scheidung «schuld» ist, gilt es sich jetzt der Verantwortung zu stellen. Dazu können unter anderem folgende Fragen helfen: Waren wir im Umgang miteinander ehrlich? Gab es einen bewussten Bruch des Eheversprechens? Herrscht jetzt noch Anklage? Was müsste (oder könnte) getan werden, damit mehr Versöhnung möglich wird?

4. Der Blick auf die treuen Ehepaare: Eine Scheidung und eventuell neue Heirat ist nie nur etwas Privates: alles hat auch eine Wirkung auf andere. Es gibt auch heute noch Ehepartner, die in heroischer Weise in einer Ehe weiterleben, weil sie dies vor Gott und den Menschen versprochen haben. Deshalb die Frage, falls wir solche Ehepaare kennen: Ermutigen und stärken wir sie auf ihrem Weg?

5. Der Blick auf Gott und das Gewissen: Hier geht es um die Fragen: Wie stehe ich in der Tiefe des Herzens vor Gott? Vor Gottes Angesicht habe ich lebenslange Treue versprochen – wie stehe ich jetzt vor Ihm?

Auch wenn man vom eigenen Partner verlassen wurde und erst nachträglich eine neue Beziehung eingegangen ist, hat man das Treuversprechen nicht gehalten. Diese schmerzliche Erkenntnis kann auch bewusst werden lassen, dass durch den Bruch des Treueversprechens auch der Leib Christi, die Kirche, verletzt wurde.

Wie weiter?

Der weitere Weg nach einer Scheidung kann unterschiedlich sein.

Erstens: Einige entscheiden sich, aus Enttäuschung, aus gereifter persönlicher Überlegung oder auch, um den Weisungen der Kirche zu folgen, keine neue Partnerschaft mehr einzugehen.

Zweitens: Andere gehen, aus vielfältigen Überlegungen (vielleicht auch zum Wohl der eigenen Kinder), wiederum eine Partnerschaft ein. Vielleicht sind sie diese Partnerschaft bereits vor der Scheidung eingegangen.

Drittens: Nach dem Scheitern der ersten Ehe legen sie ihr Leben bewusst vor den Herrn hin und bitten Ihn, sie zu führen. Wenn Er ihnen einen neuen Partner schenkt, dann möchten sie diese neue Beziehung ganz mit Ihm leben und wenn dies nicht der Fall ist, bleiben sie allein. In dieser Haltung erfahren Menschen, dass sie einen neuen Partner «als Geschenk Gottes» erhalten und sind sich meist subjektiv gewiss, dass die neue Beziehung dem Willen des Herrn entspricht.

Neue Partnerschaft

Wenn Geschiedene nun – aus welcher Motivation auch immer – eine neue Partnerschaft eingegangen sind, können sie nicht mehr kirchlich heiraten (ausser bei einer Nichtigkeitserklärung der ersten Ehe). Wenn ihre erste Ehe gültig oder als gültig zu betrachten ist, befinden sie sich in einer Situation, die dem Gesetz Gottes objektiv widerspricht, und dürfen, solange sie diese Situation nicht ändern wollen oder können, die Kommunion nicht empfangen.[16]

Auf der persönlichen, subjektiven Ebene kann dies ganz anders wahrgenommen werden. Vielleicht hat man sich nach der Trennung über die Frage nach dem Willen Gottes und den Regelungen der Kirche gar keine Gedanken gemacht. Man fühlte sich unter Umständen gedrängt, einem verwitweten Partner und seiner Familie zu Hilfe zu kommen oder hat inzwischen mit dem neuen Partner selbst eine Familie gegründet.

Für die betroffenen Partner können sich nun verschiedene Situationen ergeben. Auf jeden Fall wissen sie, dass es jetzt vor Gott unverantwortlich wäre, die eingegangene Beziehung aufzulösen – zum Schaden des Partners und der Kinder. Was nun? Was ist jetzt in dieser Situation der Wille Gottes?

Lösungswege

Papst Johannes Paul II. hat in seinem Rundschreiben «Familiaris consortio» die Hirten der Kirche eindringlich gemahnt, «die verschiedenen Situationen gut zu unterscheiden. Es ist ein Unterschied», so sagt er, «ob jemand trotz aufrichtigen Bemühens die frühere Ehe zu retten, völlig zu Unrecht verlassen wurde, oder ob jemand eine kirchlich gültige Ehe durch eigene schwere Schuld zerstört hat. Wieder andere sind eine neue Beziehung eingegangen im Hinblick auf die Erziehung der Kinder und haben manchmal die subjektive Gewissensüberzeugung, dass die frühere, unheilbar zerstörte Ehe niemals gültig war» (Nr. 84).

Hier spricht er indirekt einen ersten möglichen Lösungsweg an: die Klärung der Gültigkeit der ersten Ehe.

Ist die kirchlich geschlossene Ehe gültig?

Wenn eine christliche Ehe geschlossen und in der geschlechtlichen Hingabe vollzogen wurde, kann diese Ehe von der Kirche nicht mehr gelöst werden. Denn Gottes Treue zur Kirche ist unzerbrechlich und die Ehe ist Zeichen für diese Verbindung Gottes mit der Kirche, das macht die Ehe unauflöslich, und darüber kann die

---

16 «... Falls Geschiedene zivil wiederverheiratet sind, befinden sie sich in einer Situation, die dem Gesetze Gottes objektiv widerspricht. Darum dürfen sie, solange diese Situation andauert, nicht die Kommunion empfangen. Aus dem gleichen Grund können sie gewisse kirchliche Aufgaben nicht ausüben. Die Aussöhnung durch das Bußsakrament kann nur solchen gewährt werden, die es bereuen, das Zeichen des Bundes und der Treue zu Christus verletzt zu haben, und sich verpflichten, in vollständiger Enthaltsamkeit zu leben» (KKK 1650).

Kirche nicht verfügen. Die Frage ist jedoch, ob eine christliche Ehe überhaupt zustande gekommen ist.[17] Hier gibt es ein kirchliches Verfahren, das ermöglicht, die Nichtigkeit einer Ehe festzustellen, wodurch keine Ehe aufgelöst, sondern lediglich festgestellt wird, dass eine Ehe im kirchlichen Sinne gar nie zustande gekommen ist. Damit die Kirche die frühere Ehe auf ihre Gültigkeit prüfen kann, muss der betroffene Ehepartner einen Antrag stellen. In der Praxis gibt es verschiedene Gründe, weshalb sich ein Ehepartner dazu nicht entschliessen kann.

Eine – zumindest für mich – offene Frage in Bezug auf das Zustandekommen der christlichen Ehe ist die Frage des Glaubens. Ein Sakrament setzt den Glauben voraus.[18] Ist das Ehesakrament z. B. zustande gekommen, wenn der katholische Partner zwar getauft ist, jedoch gar nicht an einen persönlichen Gott glaubt und keinen Bezug zur kirchlichen Praxis (Gottesdienst) hat?

Gewissensentscheid akzeptieren

Papst Johannes Paul II. schreibt weiter in seinem Rundschreiben «Familiaris consortio» Nr. 84: Die Gemeinschaft der Gläubigen müsse «den Geschiedenen in fürsorglicher Liebe beistehen...». Zum eucharistischen Mahl allerdings können geschiedene Wiederverheiratete nicht zugelassen werden. Denn, so sagt der Papst im genannten Schreiben: «Ihr Lebensstand und ihre Lebensverhältnisse stehen im objektiven Widerspruch zu jenem Bund der Liebe zwischen

---

[17] Dazu braucht es den Konsens (die gemeinsame Willensübereinstimmung) der Brautleute, d.h. dass sie die Eigenschaften der christlichen Ehe bejahen und auch aus innerem freiem Entschluss handeln. Konkret: Die Brautleute entscheiden sich mit Hilfe des Heiligen Geistes, ihr Leben auf das Wohl des Ehegatten auszurichten (erstes Element) und offen zu sein für die Zeugung und Erziehung von Nachkommen (zweites Element). Dazu gehört ihr Wille, die Lebensgemeinschaft mit dem gleichen Partner ein ganzes Leben lang und in Treue zu leben.
Wenn einer der Partner eine dieser Eigenschaften bei der Heirat von seinem Willen bewusst ausschliesst, dann ist nach kirchlichem Verständnis eine christliche Ehe nicht zu Stande gekommen, die Ehe ist also nichtig. Dasselbe kann der Fall sein, wenn ein Partner aufgrund ganz bestimmter Mängel in seiner Persönlichkeit nicht zur Eheschliessung oder zu einem ehelichen Leben fähig war. Dazu gehören z.B. mangelndes Urteilsvermögen hinsichtlich der Ehe, oder wenn eine Person aufgrund ihrer psychischen Beschaffenheit nicht fähig war, wesentliche Verpflichtungen der Ehe zu übernehmen und zu erfüllen. Wenn ein solcher Mangel zur Zeit der Heirat vorhanden war, dann ist eine Ehe im kirchlichen Sinne nicht zustande gekommen.

[18] Vgl. auch KKK 1122-1124

Christus und der Kirche, den die Eucharistie sichtbar und gegenwärtig macht».

Diese objektive Tatsache, wie sie Johannes Paul II. formuliert, und das persönliche Erleben zweier Personen, können weit auseinander gehen. Einerseits ist klar, dass die Kirche kein Gesetz erlassen kann, das im Widerspruch zur Unauflöslichkeit der Ehe steht, andererseits können Gläubige ihre Situation in Reue und Umkehr soweit geklärt haben, dass sie sich subjektiv der Vergebung Gottes sicher sind und ihre neue zivile Ehe in Einklang mit Gottes Willen sehen. Eine solche Gewissensentscheidung kann dem Menschen niemand abnehmen. Er trifft sie persönlich vor Gott.

Wie soll die Kirche zu so einem Gewissensentscheid stehen? Die Kirche wird dieses persönliche Gewissensurteil weder bestreiten noch bestätigen. Sie überlässt das Urteil Gott. Wenn in diesem Gewissensurteil ein Gläubiger zur Überzeugung kommt, dass er die Sakramente, insbesondere die Kommunion, empfangen darf, empfiehlt sich dennoch ein Gespräch mit einem Priester.[19] Dabei gilt es, auf die Stimme Jesu im Gewissen des Betroffenen und auf die Stimme Jesu in Seinem Leib der Kirche zu hören.

Versöhnung mit der Kirche suchen

Geschiedene Wiederverheiratete haben auch in ihrer Situation eine Berufung und Sendung für die Kirche. Sie sind eingeladen, einen Weg der Erneuerung zu gehen, mit Jesus Christus und der Kirche zu leben, eventuell auch ohne den Empfang der Sakramente.[20]

---

[19] Darauf weist auch Kardinal Schönborn hin: «Wenn es zu einer zweiten, zivilen Ehe gekommen ist, ist vor allem der Pfarrer gefordert. Er wird sich im Gespräch genau mit dieser Situation auseinander setzen: Wie ist es dazu gekommen? In welcher Situation leben die Eheleute heute? Dann liegt es auch in der Verantwortung des Pfarrers, mit der Sehnsucht der Eheleute nach der sakramentalen Begegnung mit Jesus in verantwortungsvoller Weise umzugehen»: (Christoph Kardinal Schönborn: Woraus wir leben können. Das Geheimnis der Eucharistie, Verlag Herder, Freiburg im Breisgau 2005, S. 147).

[20] Für Menschen in Trennung, Scheidung und Einsamkeit, die den Weg mit Christus und der Kirche suchen, werden spezielle Treffen - Magnificat-Treffen - zur Ermutigung und Unterstützung angeboten. Vgl. www.hauskirche.at oder www.christlichefamilie.at

– Geistliche Kommunion

Es kann nun verschiedene Gründe geben, weshalb Gläubige die Heilige Kommunion nicht empfangen oder nicht empfangen dürfen. Doch immer können sie Jesus in ihrem Herzen in der geistlich vollzogenen Kommunion empfangen. Solche Menschen empfangen Jesus Christus nicht im Sakrament des Brotes, doch sie verbinden sich mit Ihm im Herzen. Christus ist in Seinem Wirken nicht an die Sakramente gebunden. Er kann das, was wir im Sakrament bekommen, auch ohne das Sakrament schenken und noch viel mehr. Diese Möglichkeit, sich in der geistlichen Kommunion im Inneren mit Jesus zu vereinen und Seine Liebe zu empfangen empfiehlt Papst Johannes Paul II. in seiner Eucharistie-Enzyklika den Geschiedenen Wiederverheirateten.

Während vor 50 Jahren nur wenige Personen in einer Eucharistiefeier die Hl. Kommunion empfingen, kommt heute erschwerend dazu, dass oft Bank für Bank alle zur Kommunion gehen, wodurch diejenigen, die das Sakrament nicht empfangen, sich schnell «blossgestellt» und ausgeschlossen fühlen. Hier kann helfen, wenn Menschen, welche die Hl. Kommunion nicht empfangen, auch zum Kommuniongang nach vorne kommen und sich wie die Kinder von Jesus segnen lassen, indem sie dazu ihre Hände gekreuzt vor die Brust halten.

– Freiwilliger Verzicht

In jedem Lebenstand müssen wir auf Dinge, die uns wertvoll und lieb sind, verzichten. Das gehört zu unserem Leben auf Erden. So gehört ein Stück Unerfülltheit zum Menschsein dazu. Erst im Himmel wird alles umfassend gut und erfüllt sein.

So kann – eventuell im fortgeschrittenen Alter – der bewusste Verzicht auf die sexuelle Hingabe auch ein Weg zur Versöhnung sein.[21] Denn durch die sexuelle Enthaltsamkeit ist es geschiedenen Wiederverheirateten möglich, die Sakramente wieder zu empfangen. Auch ein solches Opfer aus Liebe zu Christus in der Kirche kann segensreich sein.

---

21 Ebenso kann die bestehende Verbindung dann «saniert», das heisst kirchlich anerkannt werden, wenn der Partner aus der ersten Ehe gestorben ist.

Quellenangaben

Bilderverzeichnis

S. 14: Lamm © iStockphoto.com/Jeff Fullerton. S. 15: Jesus © iStockphoto.com / Sandra Mösinger. S. 18, 51, 57, 60, 62, 65, 70, 72, 85 © Sabine Leutenegger. S. 22: Fisch mit Brot Kallixtus – Katakombe, Krypta der Lucina. S. 30: Jesus © iStockphoto.com/Burcin Tuncer. S. 35: Sonnenaufgang © iStockphoto.com / Jimmy Anderson. S: 41: Beterin, Priszillakatakombe Rom. S. 45: Verklärung © Sieger Köder. S. 49: Ohr © iStockphoto.com/Nicolas Loran. S. 79: Pfingsten – Ausgiessung des Heiligen Geistes, Urheber unbekannt, Westfalen ca. 1380. S. 90: Betender Mann © iStockphoto.com/John Archer. S. 95: Das neue Jerusalem © Sieger Köder.
Die Bilder von iStockphoto.com dienen nur der Illustration und stehen in keinem Zusammenhang mit der Aussage dieses Buches.

Literatur

Adam, Adolf: Eucharistiefeier, Verlag Herder, Freiburg 1991.
Arrupe, Pedro: Erfahrung mit der Eucharistie. Kanisius Verlag, Freiburg Schweiz 1983.
Braun, Josef: Mit Seele und Leib. Verlag Herder, Freiburg i. Br. 1997.
Bours, Johannes: Nehmt Gottes Melodie in euch auf. Verlag Herder, Freiburg 6. Auflage 1992.
Cantalamessa, Raniero: Die Eucharistie unsere Heiligung. Adamas Verlag, Köln 1998.
www.eucharistie-online.de
Gartner, Kurt: Lieber Bruder Bischof. Verlag Herder, Freiburg 3. Auflage 1990.
Grün, Anselm: Eucharistie und Selbstwerdung. Vier Türme Verlag, Münsterschwarzach 1990.
Gschwind, Ludwig: Die heilige Messe mitfeiern. Sankt Ulrich Verlag, Augsburg 2006.
Gutl, Martin: Was mir Kraft gibt. Styria Verlag, Graz 1989.
Johannes Paul, II., Euchaistie-Enzyklika: Ecclesia de eucharistia.
Hahn, Scott: Das Mahl des Lammes. Sankt Ulrich Verlag, Augsburg 2003.
Haider, Christoph: Eucharistie erleben und verstehen. Sankt Ulrich Verlag, Augsburg 2007.
Kaspar, Walter (Kardinal): Sakrament der Einheit. Eucharistie und Kirche. Verlag Herder, Freiburg 2004.
Koch, Kurt: Eucharistie Herz des christlichen Glaubens. Paulusverlag, Frei-burg Schweiz 2005.
Körner, Reinhard: Ich bin bei euch ... Im Abendmahl Jesu zur Kirche werden. Benno Verlag, Leipzig, Augsburg 2011.
Nouwen, Henri J. M.: Die Kraft seiner Gegenwart. Verlag Herder, Freiburg 3. Auflage 1996.
Ratzinger, Joseph (Kardinal): Der Geist der Liturgie. Eine Einführung. Verlag Herder 5. Auflage 2000. Rotzetter, Anton: Gottes Leidenschaft ist Liebe. Verlag Herder, Freiburg 1990.
Schönborn, Christoph (Kardinal): Wovon wir leben können. Das Geheimnis der Eucharistie. Verlag Herder, Freiburg 2005.
Texte der Kirchenväter. Kösel Verlag, München 1964.

Veröffentlichungen des WeG Verlages

Reinkarnation und Auferstehungsglaube
Sachlich und informativ wird hier aus christlicher Sicht aufgezeigt, worin sich Auferstehungsglauben und Reinkarnation unterscheiden. Die Schrift dient allen, die für sich selbst hierüber mehr Klarheit suchen oder andere klärend begleiten möchten. Sie vertieft die Auferstehungsfreude. *68 Seiten mit 6 Farbbildern*

Vom Diesseits zum Jenseits. Tod – und was dann?
In dieser Schrift werden – ausgehend von der Bibel – in einfacher und verständlicher Form folgende Themen erläutert: Das christliche Sterben, die Wiederkunft Jesu Christi, das Gericht, die Hölle, das Fegfeuer und der Himmel. Sehr hilfreich! *48 Seiten mit 5 Farbbildern*

Gebote als Lebenshilfe. Die Zehn Gebote neu erklärt
Die Zehn Gebote sind die Grundlage der menschlichen Gesellschaft. Ausgehend von der biblischen Ursprungsbedeutung wird der heutige Sinn der Gebote dargelegt. Dabei wird offensichtlich, wie die Gebote uns helfen, das Leben besser und froher zu gestalten. *112 Seiten*

Nachfolge – Gottes Reich wächst! Impulse zum Lukas-Evangelium und zur Apostelgeschichte.
Sämtliche Texte werden in 208 Impulsen verständlich erklärt und geben inspirierende Impulse für die Nachfolge Jesu. Biblisches Wissen und geistliche Deutung ergänzen sich. Auch als Nachschlagewerk geeignet. *336 Seiten mit 18 Farbbildern*

«Willst du gesund werden?» Gottes Wege zum Heil. Mit Unterscheidungshilfen zu alternativen Heilpraktiken.
Viele Menschen suchen nach Heilung und Hilfe in ihren Beschwerden und Leiden. Gott will uns Menschen glücklich machen und uns in vielfältiger Weise Heilung und Heil schenken – auch heute! In diesem Buch wird Gottes Sicht über Heilung und Krankheit dargelegt und ermutig, Gottes Wegen zum Heil zu vertrauen und ihnen zu folgen. Dazu werden, ausgehend vom christlichen Welt- und Menschenbild, Unterscheidungshilfen zu heute aktuellen (vielfach östlichen) Heilpraktiken dargelegt. *168 Seiten*

Islam – Christentum. Eine aktuelle Herausforderung
Was ist der Islam? Wie ist er entstanden? Wie steht er zu Krieg und Terror? Welche sind die Unterschiede zum christlichen Glauben? Wie sollen wir uns Muslimen gegenüber verhalten? Dieses einfach verständliche Buch gibt eine gute Grundeinführung in diese Fragen und hilft uns vieles besser zu verstehen. *160 Seiten mit 17 Farbbildern*

Weitere Informationen über die Schriften des WeG Verlages mit Bestellmöglichkeit sowie Impulstexte, Video- und Audiovorträge finden Sie unter: www.weg-verlag.ch und www.leotanner.ch

chain length the proof of homogeneity of peptides prepared by incremental chain elongation becomes less accurate. Beyond a certain size, amino acid analysis will fail to indicate whether coupling of a frequently occurring residue did occur or not. Thus, the upper size limit for the use of incremental chain elongation may be put at 30 residues. However, for practical purposes a limit of 15 to 20 residues may be more realistic, except for solid phase synthesis (to be considered separately below).

4. Solid Phase Synthesis

The solid phase method of Merrifield (1963, 1969) represents an ingenious procedural simplification of the incremental chain elongation strategy. The principle of excess (Bodanszky, 1971) is used routinely because it is vital for solid phase synthesis, by design, that reactions go to completion in every cycle (see Erickson and Merrifield, 1976; Meienhofer, 1973). The excess coupling reagent, by-products, and side products that remain in solution can be removed by simple washing and filtration because the growing peptide chain is covalently linked to an insoluble support. In its 15 years of development, the solid phase method has provided enormous and unprecedented stimuli to peptide synthesis and has been used to prepare hundreds of peptides of varying sizes and functions. The most remarkable achievement has been the synthesis of a ribonuclease A preparation with 78% of the activity of the native enzyme (Gutte and Merrifield, 1969, 1971).

The main attractive features of the method are: (a) high speed, permitting up to six amino acid residues to be coupled per day, (b) no insolubility problems of the kind that hamper solution synthesis, (c) ease and convenience of operation, and (d) mechanization and automation.

The principal drawback of solid phase synthesis stems from product microheterogeneity which can result from repeated incomplete reaction (<99%). In many instances, product decomposition during the final hydrogen fluoride cleavage of the peptide chain from the solid support is a serious shortcoming which has caused severe problems in syntheses of larger peptides (Sharp *et al.*, 1973; Marshall *et al.*, 1973; Li and Yamashiro, 1970; see Section III,A).

However, a series of significant improvements have been made recently, for example: suppression of loss of peptide from the resin support, by modified supports, e.g., phenylacetamidomethyl derivatives (Blake and Li, 1976; Mitchell *et al.*, 1976) or polydimethylacrylamide derivatives (Atherton and Sheppard, 1977; Atherton *et al.*, 1977); more rapid and efficient coupling (see Lemaire *et al.*, 1977; Yamashiro and Li, 1973a) by the use of symmetrical anhydrides of Boc-amino acids (Wieland *et al.*, 1971, 1973; Hagenmaier and Frank, 1972; Yamashiro and Li, 1974) and trifluoroethanol as an additive (Yamashiro *et al.*, 1976); development of various halogenated

3. Solution Synthesis

The routine laboratory scale synthesis of peptides with up to 15 amino acid residues can be considered a realistic goal with the present state of development of protecting group selectivity, coupling efficiency, and separation power of purification techniques. For example, the discovery of the 14-peptide somatostatin (Vale *et al.*, 1972) led to numerous syntheses of the hormone and analogs within a few years.

Peptide chains may be constructed by segment condensation, i.e., the joining of small peptides with the appropriate partial sequences to form larger intermediate segments for final assembly of the target structure, or by stepwise or incremental chain elongation, i.e., the successive incorporation of one amino acid residue at a time, starting from the carboxyl terminus.

Segment condensation generally allows for greater flexibility in the choice of protecting groups and coupling methods. Moreover, the homogeneity of intermediate fragments can be readily established by available analytical procedures. The success with the coupling of larger segments may be assessed by amino acid analysis with the aid of "diagnostic amino acids" (Beacham *et al.*, 1971). Segment condensation has been successfully applied to the synthesis of many peptide hormones with up to about 60 amino acid residues. However, with larger peptides, segment condensation is often impeded by (i) increased danger of racemization (see Sieber *et al.*, 1970, 1977), (ii) poor solubility of larger protected peptides (Geiger *et al.*, 1969; Ivanov *et al.*, 1976), and (iii) ensuing low coupling speed with concurrent risk of irreversible intramolecular side reaction and/or pseudo first-order interactions of the activated carboxyl component with solvent. Further progress in this area may come from the development of novel approaches to segment condensation via the "four component condensation" (Ugi *et al.*, 1975; Waki and Meienhofer, 1977) or the "amine capture" method (Kemp *et al.*, 1975a,b).

Incremental chain elongation (see Bodanszky, this volume, Chapter 3) permits the use of excess of acylating carboxyl component (Bodanszky, 1971) to drive the reaction close to completion. Since the acylating agents are readily available amino acid derivatives, preferably active esters, the use of excess is economically feasible. Minimum protection has frequently been used in syntheses via incremental chain elongation by excess N^{α}-alkyloxycarbonylamino acid active esters (see Bodanszky *et al.*, 1976). The occurrence of various side reactions (Natarajan and Bodanszky, 1976; Bodanszky and Natarajan, 1975) with larger peptides indicated, however, that caution must be exercized and minimum protection cannot be considered as safe under these conditions (Bodanszky *et al.*, 1977; see also Finn and Hofmann, 1976; Krail *et al.*, 1975). It is also clear, that with increasing